Liderazgo ético

ALFRED SONNENFELD

LIDERAZGO ÉTICO

CÓMO INFLUIR CON EL EJEMPLO

ESPASA

Espasa es un sello de Editorial Planeta, S. A.
Avda. Diagonal, 662-664
08034 Barcelona
www.planetadelibros.com
www.espasa.es

Primera edición: septiembre, 2025

Diseño de cubierta: Planeta Arte & Diseño
Ilustración de cubierta: © SiberianArt / Istock / Getty Images
Fotografía del autor (solapa): cortesía del autor

Depósito legal: B. 13.719-2025
ISBN: 978-84-670-7805-3

Impreso en España — *Printed in Spain*
Impresión: Unigraf, S. L.

ÍNDICE

Nota a la presente edición

Al hablar de liderazgo hemos de precisar, en primer lugar, qué entendemos por líder. En este libro consideramos que un líder es una persona que nos hace reflexionar sobre los fundamentos de la grandeza humana. Nos apoyamos, para ello, en los grandes educadores griegos, como Sócrates, quien, aun a costa de su vida, nos enseñó algo esencial: la sola legislación no es suficiente si el espíritu del *ethos* del líder no es bueno de por sí, pues es el *ethos* individual el que verdaderamente forja el carácter de un ciudadano.

En estos momentos necesitamos figuras que actúen como Sócrates, quien en las decisiones clave, aquellas en las que se pone a prueba de forma radical el valor de un líder, plantea una disyuntiva entre el ser y el actuar. Sócrates obra con coherencia y alcanza así esa grandeza de ánimo que se alza por encima de cualquier género de claudicación, esa cualidad que Aristóteles denominó magnanimidad.

Al hablar de liderazgo ético tenemos en cuenta al ser humano en su totalidad. El buen líder, el líder con excelencia, toma decisiones en función no solo del valor económico sino, además, del valor psicológico y ético de los actos humanos. La experiencia, y también la razón, nos dicen que, a largo plazo, los favorables efectos psicológicos y éticos de la decisión tomada conducirán a mejores resultados, también económicos.

El líder con excelencia sabe que en el actuar humano no se trata sencillamente de hacer «buenas obras», sino de ser bueno uno mismo. Nos hacemos «buenos» o «malos» a través de nuestros actos de voluntad, y esto quiere decir que, al actuar, somos responsables de nuestras acciones a través de lo que elegimos y hacemos voluntariamente. Esas acciones son las que nos van modificando a lo largo de la vida, y, por lo tanto, dejan huella en nosotros.

Esta es la diferencia entre el actuar ético y la producción, entre la virtud y la técnica o el arte. Mientras en el actuar productivo, técnico o artístico nos esforzamos en hacer bien una obra externa al agente —construir barcos o coches, pintar un cuadro, etc.—, en la vida de una persona —para que sea una vida lograda—, lo que cuenta, en último término, es que la persona misma sea buena. Y la persona es buena cuando su voluntad es buena. Aquello a lo que tendemos racionalmente sacia la voluntad, aun cuando no esté colmado de éxito, y ese quedar saciado se llama felicidad. Llegar a ser feliz es lo que, en realidad, todos queremos en último término. Pero la felicidad es el verdadero privilegio de la buena voluntad.

En este ensayo tratamos de subrayar la importancia de las acciones morales del ser humano, que son inmanentes, que nos van modelando, y que, además de producir efectos sobre otros sujetos, siempre modifican al agente mismo. A través de las acciones intencionales el ser humano se puede ir perfeccionando, dependiendo para ello de cómo sean esas acciones.

La pregunta de la ética no es tan simple como qué debo hacer o qué modo de actuar es el correcto. Estas son, sin duda, cuestiones éticas que hemos de plantearnos, pero son posteriores y están subordinadas a unas preguntas anteriores y decisivas: ¿Qué tipo de persona soy o en quién me convierto cuando hago esto o aquello, es decir, cuando elijo voluntariamente esta o aquella acción? ¿Qué me mueve a hacer una cosa y no la otra? ¿A qué apunta mi vida como un todo cuando hago u omito esta o aquella acción?

En tanto que somos sujetos de acciones responsables, nos hacemos o somos aquello a lo que tendemos. De nada le serviría al ser humano mejorar el mundo entero si él mismo no fuese o se hiciese una buena persona.

Además, hemos resaltado la íntima unión entre ética y felicidad. El líder que ha hecho suya la belleza del actuar recto es feliz. «Apropiarse de la belleza» es una idea genuinamente griega. Significa subordinar lo material, los bienes, los honores y la técnica a un alto ideal para poder entrar, de esta manera, en posesión de la belleza y de la felicidad. Nos estamos refiriendo a la belleza moral, a la que se opone a la fealdad que propaga el sofista, el que con locuacidad vana y dialéctica artera esconde su falta de rectitud y la falsía de su obrar.

Para explicar mejor esta realidad podemos dirigir nuestra atención hacia una figura femenina, Diotima de Mantinea que, en *El banquete* de Platón, desempeña un relevante papel. Con gran sabiduría, Diótima advierte a Sócrates sobre la necesidad de liberarse de la esclavitud de las desviaciones devastadoras del eros egoísta, irreflexivo, desbocado y vil, que tiende solo a la simple satisfacción de los apetitos sensuales.

Y frente a este eros, propone seguir el eros noble, de origen divino, cuyo fin es la perfección del ser amado, ya que se halla impulsado por el celo de servir al verdadero bien. Este eros noble, que puede entenderse como una fuerza educadora que no solo conduce a evitar las malas acciones, sino a servir al amigo, ayudándole a desarrollar su personalidad, a ser feliz, es el que, a la vez, transforma realmente a quien lo sigue en un ser auténticamente dichoso.

Lo bello y lo bueno, en fin, no son más que dos aspectos indisociables de una misma realidad que actúa como móvil interior, como una aspiración profunda hacia la excelencia y hacia la perfección en su totalidad: hacia una vida lograda.

Introducción

La noche en que había de cumplirse la sentencia condenatoria de Sócrates ocurrió un hecho decisivo para la historia de la humanidad. Platón, su discípulo más fiel, quiso dejar constancia imperecedera de aquel acontecimiento en el diálogo que tituló *Critón.* ¿Qué hubo de extraordinario en lo acaecido en aquella prisión momentos antes de que se consumara la vergonzosa condena a muerte de un hombre inocente?

Ante todo, lo que allí se vivió fue el choque entre dos modos opuestos de vivir. Uno, representado por los discípulos de Sócrates; otro, por el propio Sócrates, quien pensaba que solamente vale la pena vivir una vida coherente y justa, y en modo alguno otra. Critón, su viejo amigo, estaba dispuesto a gastar toda su fortuna en salvarlo de la muerte. Sócrates, aunque sabía que sus jueces habían actuado de forma inicua, movidos por razones políticas, consideraba que, sin embargo, había tenido el derecho a defenderse en el marco de las leyes vigentes. Por ello rebate todos los intentos de Critón de ponerle en libertad.

Critón es un hábil argumentador y no encuentra dificultad en resaltar las desastrosas consecuencias de la sumisión a aquella injusta sentencia para la familia de Sócrates y para la entera sociedad ateniense. Pero, para Sócrates, el primer problema de quien ha de tomar una decisión no debe ser prever o calibrar sus consecuencias, ciertas o probables, sino, ante todo, saber si aquello que decide es justo o injusto.

Sócrates prefiere salvar su integridad moral antes que su vida. Uno de los argumentos con que Critón trata de convencerlo para que huya es hacerle ver que la mayor parte de la población está de su parte. Sócrates, ante tal razonamiento, opone que nunca los que son mayoría tienen razón por el mero hecho de serlo, porque lo que cuenta es el entendimiento. La opinión que verdaderamente vale es la de quienes piensan y actúan justamente: solo de tales personas, en fin, puede decirse que obran con sabiduría.

Pero ¿qué tiene que ver la actuación de Sócrates con el liderazgo ético? Mucho, ciertamente. Un aspecto crucial del liderazgo consiste en tomar decisiones. El ejemplo de Sócrates nos revela que las decisiones clave, aquellas en las que se pone a prueba de forma radical el valor de un líder, son las que plantean una disyuntiva entre el ser y el actuar. ¿Y qué distingue el alma noble del alma vulgar? Nos contesta Schiller con palabras precisas: el alma noble cuenta con lo que «es» y no con lo que «hace». Dicho de otro modo, solamente quien obra con coherencia alcanza esa grandeza de ánimo que se alza por encima de cualquier género de claudicación, esa cualidad que Aristóteles en su *Ética* denominó la *megalopsychia*, es decir, la magnanimidad.

A la armonía entre el ser y el actuar se opone la claudicación, ya sea colectiva —que se ha dado en diferentes épocas de la humanidad— ya personal, que es la que encontraremos siempre como causa última de la decadencia de los Estados. Por eso, siempre han sido necesarias, y siempre lo serán, figuras inconformistas y provocadoras que, particularmente en tiempos de crisis y decadencia, nos hagan reflexionar sobre los verdaderos fundamentos de la grandeza humana. Este papel lo representaron cumplidamente aquellos grandes educadores griegos que, como Sócrates, fueron capaces de enseñar, aunque ello les costara la vida, algo tan esencial como esto: la legislación como tal no sirve para nada si el espíritu, el *ethos* del político, no es bueno de por sí, pues es el *ethos* individual el que verdaderamente forja el carácter de un ciudadano.

Isócrates, el gran educador que hubo de vivir los tiempos de decadencia de la Grecia clásica, tenía el encargo de velar por la vida de sus conciudadanos y, especialmente, de la juventud. Con sus diatribas en el Areópago pretendía mover a los atenienses a que cambiaran su modo de vida, empujarlos, por medio de esos choques retóricos, a que lucharan por estar a la altura de su verdadera misión. La joven generación de atenienses, que se hallaba por entonces sumergida en la crisis que acarreó la segunda liga marítima, estaba profundamente conmovida por la fuerza de los argumentos de Isócrates y de Demóstenes. Nadie como Demóstenes, el líder de la libertad democrática, supo denunciar la demagogia tiránica y el materialismo en que se consumían los ciudadanos, convertidos en una masa anónima. Uno y otro censuraron severamente el despilfarro de los bienes públicos, puestos al servicio de los apetitos de la masa, y criticaron el reblandecimiento y la claudicación general de sus conciudadanos, que los dejaba inermes. Las ideas de Demóstenes culminan con su discurso en el Areópago con el que busca convencer a los atenienses de que estaban obligados, no solo para consigo mismos, sino también por su misión como salvadores y protectores de toda Grecia, a sobreponerse a la situación de crisis económica y de indolencia, a someterse a una educación rigurosa que les hiciera capaces, de nuevo, de cumplir su destino histórico[1].

Tanto Isócrates como Demóstenes, y las generaciones que les siguieron, han visto en Sócrates la figura de un gran líder que consiguió armonizar como nadie ética y estética. Quizás haya sido el filósofo alemán Hans-Georg Gadamer quien más claramente ha percibido el gran problema que se deriva de separar ambos conceptos. Alguien podría preguntarse qué queremos decir aquí, en el contexto de una

---

1. Werner Jaeger, *Paideia. Los ideales de la cultura griega*, Fondo de Cultura Económica, México, 1957, pp. 895-921.

reflexión ética, cuando usamos la palabra *bello* y si tal idea guarda relación con lo que consideramos moralmente «bueno». Es evidente que para los griegos lo bello y lo bueno tenían mucho que ver, ya que no son más que dos aspectos de una misma realidad que el lenguaje corriente de la Grecia clásica funde en una unidad al entender la excelencia (*areté*) del hombre como «ser bello y bueno» (*kalokagathía*). En este ser «bello» o «bueno» de la *kalokagathía*, captada en su pura esencia, encontramos el principio supremo de toda voluntad y de toda conducta humana.

De lo dicho se desprende que aquello que nosotros calificamos como moralmente bueno los griegos lo entendían como la belleza del actuar recto, del actuar con grandeza de ánimo, de hacer las cosas por los demás y no tan solo en beneficio propio, sin dejarse chantajear ni por el dinero, ni por el poder, ni por la vanagloria. En el mundo clásico de los griegos, «la belleza era algo anhelado, que no nace del azar, sino como consecuencia de una disciplina consciente»[2]. Y solamente de los *kaloikagathoi* ('bellos y buenos') surgen los *aristoi* ('los mejores'), los líderes[3].

Es preciso recobrar aquellos ideales, esa grandeza de ánimo de la que estaban imbuidos los héroes de la *Odisea* o de la *Ilíada*. No en vano los griegos vieron enseguida, en los versos de esas obras, la más antigua formulación del

2. *Ibidem*, pp. 28-29.

3. Claude Mossé, *Pericles. El inventor de la democracia*, Espasa, Madrid, 2007, p. 36.

ideal griego de educación, en su esfuerzo por abrazar lo humano en su totalidad. Característica esencial del ser noble en las obras de Homero es la *areté*, la excelencia, como atributo propio de la nobleza. Señorío y *areté* se hallaban inseparablemente unidos. La raíz de la palabra es la misma que la de *aristós,* el superlativo de *distinguido*, *selecto.*

Para llegar a captar el sentido profundo del liderazgo, es decir, de un liderazgo ético que permita desarrollar las mejores cualidades, es preciso reflexionar sobre las raíces antropológicas del ser humano, pues liderar supone, en primer lugar, invitar, animar, inspirar, entusiasmar y educar —lo que, en su sentido etimológico (del latín *educāre*) significa 'hacer salir' e, incluso, en su etimología última indoeuropea, 'guiar' y 'ver' (*deuk*)—. El buen líder ve, descubre, sabe cómo «hacer salir» para que no permanezcan ocultas las mejores cualidades de las personas que trabajan con él; sabe detectar las riquezas escondidas, las cualidades, como diamantes en bruto que hay que pulir.

Pero el conocimiento solo no basta. Para que la persona llegue efectivamente a ser lo que la ética clásica entiende como un hombre virtuoso, es preciso practicar la teoría. La virtud ética procede de la costumbre, es un hábito que se adquiere mediante un entrenamiento práctico. La educación moral no es solo una enseñanza intelectual, sino también, y, sobre todo, una enseñanza de hábitos de vida. En el aprendizaje de la virtud, los hábitos y las pasiones que los alimentan son lo primero y más poderoso. La inteligencia es lo posterior y más débil. Por eso no deja de admirarnos la grandeza de Sócrates. ¿En qué consiste la envergadura de este héroe? ¿Qué es lo que le hace excelente? La coherencia entre su vida y su modo de actuar. No se percibe en él ningún hiato entre su ser y su querer ser. Realiza lo que para él tiene valor, lo que es digno de ser vivido de modo ejemplar. Sócrates es una persona de gran finura interior, que percibe y vive profundamente la verdad del ser humano.

Para adquirir esa finura no basta solo con buscar la perfección moral, sino que es necesaria la sensibilidad de captar el detalle. La finura de espíritu tiene que ver también con la atención al otro, con saber hacer agradable la vida a los demás, con detalles de servicio. Es esta actitud la que más profundamente nos universaliza e interioriza y, por ello, la que más nos perfecciona. Ahora bien, el detalle es estético; es lo que hace que las pequeñas cosas adquieran un particular realce y que de alguna manera brillen.

La finura de espíritu de la que goza el virtuoso implica una capacidad de renuncia sin la cual no hay nunca verdadera amistad. Quien quiere imponerse siempre, no tendrá amigos. La amistad consiste, en buena medida, en dejar ser al otro. Por eso fue una muestra de la finura de espíritu de Sócrates decir que el verdadero sabio es el que obra sabiamente.

Constituirse en líder de una empresa no convierte al directivo en una suerte de superhombre. Durante mucho tiempo, demasiado, algunos han querido creer que la economía era una ciencia segura, casi exacta. Ahora tenemos el convencimiento de que la clave está en la persona y que los beneficios de las empresas dependen de la grandeza de ánimo en la conducta de sus líderes.

También hoy estamos presenciando varios signos de decadencia por faltar esa grandeza de ánimo en personas ejecutivas que asumen grandes responsabilidades. Hacen falta, por lo tanto, líderes con generosidad y nobleza de espíritu que huyan de toda adulación y de posturas retorcidas. Líderes con una fuerte e inquebrantable esperanza, una confianza casi provocativa y la serenidad de un corazón palpitante. Líderes que no se dejan arrastrar por la confusión generalizada y, sobre todo, que no se doblegan ante las tentaciones de tener cada día más.

Capítulo I

Ser empresarios de nuestra vida

> Lo que has de saber para liderar es saber dónde estás y a dónde vas.
>
> Peter Drucker

Reflexión ética sobre el liderazgo

Queremos reflexionar de modo especial sobre dos palabras: *liderazgo* y *ética*. Una perspectiva específica de la ética es el liderazgo, que podríamos definir como aprender a vivir de modo que mi existencia alcance la plenitud a la que está destinada en su totalidad. Esto es algo que no depende de circunstancias cambiantes ni de quién ostente el poder. Depende de mí, de cuál es mi modo fundamental de ser, de los bienes que me identifican, de qué aspiraciones abrigo, de las posibilidades operativas de que dispongo, de cuál es el camino que he de seguir para alcanzar una vida lograda. Liderazgo no deja de ser, en última instancia, un fenómeno radicalmente personal y autobiográfico.

La experiencia nos dice que un empresario puede dedicar muchas energías a algo tan esencial como es su trabajo, pero al mismo tiempo puede descuidar su familia, su salud, su formación cultural. Esta falta de visión global se caracteriza por un enfoque parcial, quizás colmado de éxitos profesionales, pero que acaba conduciendo a una frustración existencial, a una falta de sentido profundo en el quehacer cotidiano. La consecuencia es una persona insatisfecha por haber equivocado su camino.

Sobre esto ya reflexionaron los griegos de la Grecia clásica. Aristóteles denomina *eudaimonía*[1] —que suele traducirse por felicidad, aunque en la modernidad es preferible hablar de vida lograda— a una vida hecha de acciones que intrínsecamente perfeccionan nuestra naturaleza, capacitando al sujeto para que actúe cada vez mejor en cuanto ser humano y esté en condiciones no solo de evitar el fracaso global de su existencia, sino, sobre todo, de conseguir una vida lograda gracias a sus elecciones personales.

La misión del liderazgo y de la ética no es resolver acertijos o adivinanzas acerca de si algo se debe o no se debe hacer en estas o aquellas circunstancias. La reflexión ética

1. La palabra *eudaimonía* es la usual para decir «felicidad» en griego. El filósofo griego que más a fondo planteó esta cuestión es Aristóteles, sobre todo en la *Ética a Nicómaco*, con particular profundidad en los libros I y X.

sobre el liderazgo no pretende decir todo lo que cada uno debería hacer. Dicho de otro modo, no queremos proporcionar soluciones prefabricadas, sino más bien las herramientas necesarias para que cada uno busque y encuentre, desde su experiencia, el camino que le lleva, a través de sus elecciones personales, a la plenitud de vida.

Al decir plenitud de vida nos referimos a la vida lograda en su totalidad, lo que abarca mucho más que diferentes aspectos parciales del trabajo de un director de empresa. Estos fines parciales, no cabe la menor duda, son de gran importancia, pero han de verse relacionados como las partes con el todo. Por muchos éxitos empresariales que haya podido cosechar un líder, el fracaso en su vida familiar podría conducirle, a la larga, a la frustración existencial a la que antes nos hemos referido.

La ética nos ayuda a elevarnos por encima de los bienes particulares para reflexionar sobre la vida lograda en su totalidad y exige que se respete el bien de la vida humana vista en su conjunto. No basta, por tanto, con hacer un cálculo analítico y aséptico, reflexionando tan solo desde fuera, en tercera persona[2], sin involucrarse personalmente. Cuando se procede así, especialmente en el caso de éticas en tercera persona de signo utilitarista o relativista —es decir, cuando se considera el actuar humano no en su

---

2. Los sugerentes conceptos de «ética en primera persona» y «ética en tercera persona» los he asumido de la brillante exposición de Martin Rhonheimer, sobre todo de su *Perspektive der Moral. Philosophische Grundlagen der Tugendethik*, Akademie Verlag, Berlín, 2001.

dimensión de vida humana en su totalidad, sino tan solo como bueno o malo, en sentido técnico, con finalidad restringida o sectorial—, la ética se pone al servicio de los expertos en discutir. Y desde el comienzo ya se puede intuir cuál será el resultado del presunto diálogo. La balanza acabará inclinándose hacia el lado de quien, en ese momento, muestre una mayor habilidad dialéctica.

Debemos volver sobre nosotros mismos, reflexionar en nuestro interior, confrontarnos con las situaciones de nuestro entorno, examinar qué es lo que nos hace crecer como personas o qué es aquello con lo que nosotros mismos podemos dañar y malograr nuestra vida. Este modo de actuar se conoce como ética de la primera persona, que mira al actuar en la perspectiva del sujeto agente y de la vida buena. Para ello proponemos deslizarnos por una cascada, pero no en sentido descendente —arrastrados por el *mainstream* del «qué dirán» o del querer «caer bien» por encima de todo—, sino al contrario: ¡en sentido ascendente! De descubrimiento en descubrimiento hasta llegar al origen, a la fuente o manantial que nos suministrará la sabiduría y la fuerza afectiva necesaria para llevar una vida lograda.

Atrapados en la caverna

El buen líder sabe captar las necesidades reales de las personas. No solo se preocupa de que en la empresa se hagan ciertas cosas que convienen a la organización para que sea eficaz. Busca, sobre todo, conseguir que los agentes ejecuten su trabajo teniendo siempre en cuenta las personas en su totalidad. La dimensión del liderazgo implica la capacidad de percibir las necesidades reales de su equipo. Se preocupa, por lo tanto, del valor real de las acciones y no tan solo de su valor desde el punto de vista de la eficacia.

Para entender mejor lo que acabamos de decir, recurrimos a la famosa alegoría de la caverna de Platón. Al principio del libro VII de la *República*[3], Platón plantea una metáfora para explicar la situación del hombre en el mundo. Se trata de la alegoría de la caverna. Unos hombres se encuentran en una cueva sin ventanas frente a una pared. Están prisioneros desde su nacimiento, encadenados por el cuello y las piernas, de forma que únicamente pueden mirar hacia la pared del fondo de la caverna, sin posibilidad de girar la cabeza. Justo detrás de ellos hay una hoguera ante la cual se mueven figuras de un lado a otro, proyectándose su sombra en la pared. Los hombres nunca han conocido otra situación por no haber salido al exterior. Únicamente pueden ver el juego de sombras que para ellos constituye la realidad. Y sobre ella discuten acaloradamente, establecen teorías y hacen pronósticos. Imitan las voces de los fantasmas, perciben que hay algo parecido a un mundo real fuera de la caverna, y que existe la posibilidad de liberarse y de conseguir salir al exterior. Sin embargo, se comenta que los que lograron salir y exponer

3. Platón, *República*, libro VII, 514a-524d.

sus ojos a la luz del sol fueron deslumbrados de tal forma que apenas podían ver nada, por no haber tenido la paciencia de acomodar sus ojos paulatinamente al mundo exterior. Por tal motivo, los habitantes de la caverna se resisten enérgicamente cuando alguien que viene de fuera intenta liberarlos.

Según Platón, conseguir salir al exterior y contemplar el mundo en su totalidad es el símbolo del camino hacia el mundo inteligible. Aquel que lo lograra, al recordar su anterior morada, el concepto que allí tenía de las cosas y evocar a sus compañeros de cautiverio, se consideraría feliz por el cambio cualitativo experimentado y, al mismo tiempo, sentiría una gran compasión por sus amigos, que permanecen en la caverna.

La intención de Platón es presentar, con esta alegoría, el mundo de las ideas como la auténtica realidad, y el mundo material como su mera imagen. Si el que ha conseguido liberarse descendiera de nuevo a la caverna tendría ofuscados los ojos por las tinieblas y sería incapaz de distinguir nada en medio de las sombras. Los otros lo harían mejor que él y se reirían a su costa, e incluso le dirían que, por haber subido a la luz, sus ojos se habrían dañado y que, por tal motivo, no valía la pena que salieran de la caverna. Es más, si intentase desatarlos y conducirlos hacia la luz se burlarían de él, lo perseguirían e incluso lo matarían.

No tiene nada de extraño que el que ha llegado a las alturas del conocimiento por haber aprehendido la realidad de las cosas en su totalidad, al bajar de nuevo con el afán de ayudar a salir de su ignorancia a sus amigos sea considerado por estos como un esperpento y sufra sus burlas. Platón, con sus diálogos, pretende que nos demos cuenta de que, detrás de lo empírico o puramente fáctico, hay algo que no sale sin más a la superficie, un oculto «de dónde» y «para qué». Pues bien, precisamente hacia esta dimensión se orienta la pregunta del sabio acerca de la última razón y el verdadero sentido, no de esto o de aquello, sino de todo lo que hay. «Desprendido de los cuidados que agitan a los hombres, el vulgo pretende sanarle de su locura y no ve que es un hombre inspirado», escribe Platón en el diálogo de Sócrates con Fedro.

Si nos atenemos a esta idea, se entiende que los hombres en la caverna se nieguen a reflexionar sobre la última razón y sentido de la realidad en su totalidad, pues lo consideran no solo algo inútil, sino que lo ven incluso perjudicial por carecer de utilidad inmediata. En esto redunda Sócrates cuando le dice a su amigo Fedro: «Los hombres que solo viven entregados por entero a los vanos cuidados del mundo no pueden producir más que una prudencia de esclavo, privado de razón en la tierra y en las cavernas subterráneas durante nueve mil años».

El filósofo alemán Josef Pieper, al comentar en su obra *Entusiasmo y delirio divino*[4] el diálogo entre el joven Fedro y su maestro Sócrates —el *Fedro* de Platón—, describe

4. Josef Pieper, *Begeisterung und Göttlicher Wahnsinn*, Köser-Verlag, Múnich, 1962.

sugerentemente la diferencia entre una persona que solo se preocupa de lo formal y las formas y otra que sabe mirar y considerar el contenido. Los primeros únicamente ven una parte muy reducida de la verdad —son los hombres que no quieren salir de su caverna—. Los segundos tienen en cuenta la realidad de las cosas en su totalidad.

Sócrates, como ocurre en otros diálogos, quiere ayudar a Fedro a que no caiga en la trampa de lo meramente formal, que por supuesto puede adoptar una belleza irresistible. En esta obra, es el sofista Lisias quien, con su gran elocuencia, consigue seducir y encantar al joven Fedro por medio de un discurso superficial, aunque atractivo e incuestionablemente deseable, y, por tanto, digno de ser adquirido. Fedro está fascinado con las palabras de Lisias, pero Sócrates le va abriendo poco a poco los ojos ante toda la realidad. Le va aclarando lo distinto que es codiciar, desear o amar a una persona. Así mismo, le explica la diferencia entre la buena y la mala inspiración, la *theia mania*, que es la inspiración que proviene de Dios, o la mala *manía*, que únicamente se nutre de una vanidad paralizante. De modo magistral, Platón nos hace ver en esta obra la sutil diferencia entre Sócrates —persona coherente—, y Lisias, el manipulador, llegando a la conclusión de que la inspiración solo es verdadera tras un proceso de depuración y catarsis que nos purifique de los propios intereses, ya que la posibilidad de corrupción y engaño, la influencia enmascarada de las pseudoverdades, fácilmente se esconde bajo el semblante de lo bello.

EL PRIMER REQUISITO DEL LIDERAZGO: CONDUCIRSE A SÍ MISMO

Todos tenemos que ser «empresarios de nuestra vida», es decir, hemos de saber gestionar nuestra vida. Vivir humanamente es hacer uso de la propia libertad, y eso significa comunicarse y tomar decisiones. El gran comunicador austríaco Paul Watzlawick afirmaba: «Es imposible no comunicarse». Con este axioma quería indicar que todo gesto, todo sonido, todo silencio, todo movimiento corporal, todo comportamiento son una forma de comunicación, ya que abarcan mucha más información que la que contiene la palabra expresada.

De modo análogo podemos afirmar que es imposible «no decidir», pues la «no decisión» implica una decisión con otras consecuencias. Todo ser humano es el novelista de sí mismo y, como diría Ortega y Gasset, «aunque podamos elegir ser un escritor original o un plagiario, no podemos evitar escoger. Estamos condenados a ser libres». La vida me lleva a decidirme ante diferentes opciones y, de acuerdo con el uso que haga de mi libertad, podré autorrealizarme o autodestruirme[5]. En consecuencia, es importante tomar decisiones adecuadas que me conduzcan a la buena autorrealización, es decir, a llevar una vida de plenitud.

5. Alfred Sonnenfeld, «Selbstverwirklichung oder Selbstvernichtung. Gewissen und ethisches Handeln im ärztlichen Beruf», en *Deutsches Ärzteblatt* 87 (1990), pp. 1507-1515.

El liderazgo ético exige de cada persona que clarifique lo que le importa en la vida, qué es aquello por lo cual está dispuesta a tomar decisiones sobre cosas que se hallan a su alcance y de esto dependerá, también, el modo de comunicarse. Así se dará cuenta de cuáles son sus valores prioritarios (jerarquía de valores) y de cómo va a conducir su existencia para conseguir una vida lograda que, a corto o largo plazo, repercutirá en el buen desarrollo de las capacidades operativas de las personas que trabajan con ella.

El fundador de la logoterapia Viktor Frankl, prisionero durante mucho tiempo en los tremendos campos de concentración nazis, sintió como pocos lo que para él significaba una «existencia desnuda». Sus padres, su hermano, incluso su esposa, murieron en los campos de concentración o fueron enviados a las cámaras de gas, de tal suerte que, salvo una hermana, todos perecieron. Lo único que le quedaba —así afirmaba Frankl— era la capacidad de elegir, es decir, la actitud personal de decidir ante un conjunto de circunstancias[6].

¿Cómo poder despertar en los demás la responsabilidad de vivir, por muy adversas que se presenten las circunstancias? Para contestar a esta pregunta, Frankl cita con frecuencia la célebre frase de Friedrich Nietzsche: «Quien tiene un *porqué* para vivir, podrá soportar casi

---

6. Viktor Frankl, *El hombre en busca de sentido*, Herder, Barcelona, 1986, pp. 68-70.

siempre el *cómo*»[7]. Pero este «porqué» ha de ser hallado por cada uno haciendo uso de su propia responsabilidad, que no podrá ser reemplazada por nadie.

Frankl hace referencia a dos casos fallidos de suicidio, que guardan entre sí mucha similitud, acaecidos en un campo de concentración. Los suicidas habían exteriorizado su intención irrevocable basándose en el argumento frecuente de que ya no esperaban nada de la vida. En ambos casos se trataba de hacer comprender a estas personas que la vida sí esperaba todavía algo de ellas. A uno le quedaba un hijo al que adoraba y que le estaba esperando en el extranjero. Al otro no era una persona, sino una tarea, lo que le esperaba: ¡su obra! Era un científico que había iniciado la publicación de una colección de libros que debía acabar. Tan solo él podría llevar a término esa obra. El haber asumido conscientemente la responsabilidad, ante el ser humano que le espera con todo su afecto o ante la obra inacabada, les ayudó a no tirar su vida por la borda. Conocer el «porqué» de tu existencia te ayudará a soportar casi cualquier «cómo»[8].

No es la vida, sino que somos nosotros los que hemos de encontrar un «sentido profundo»[9] a nuestra existencia. De este modo sabremos concretar nuestra misión específica, dándonos cuenta de que no volverá a repetirse en la

7. *Ibidem*, p. 9.
8. *Ibidem*, p. 81.
9. Viktor Frankl, *La voluntad de sentido*, Herder, Barcelona, 1994.

vida. La tarea de cada uno será única e irrepetible. Y si soy o no soy excelente en mi modo de ser dependerá del «cómo» tome decisiones. Quien olvide esto es fácil que no llegue a conseguir nada que valga la pena y que carezca en su actuación de una trayectoria definida capaz de inspirar confianza a los que le rodean.

El gran psicólogo estadounidense Abraham Maslow afirmaba que «las personas que buscan la autorrealización directamente, separada de una misión en la vida, de hecho, no la logran»[10]. Pero ¿en qué consiste esa misión? ¿Qué quiere decir que cada ser humano está llamado a promover su propio progreso, y que no solo está dotado de la capacidad de proponerse un fin, sino también de ser su propio fin? Significa que está llamado a hacerse a sí mismo. Puede desarrollar sus talentos y convertir su existencia en algo realmente grande. La misión a la que estamos llamados requiere una respuesta libre y responsable que, al concretarse, se convierte en criterio con el que se miden todas las otras circunstancias de la vida. Esa misión acaba transformándose en verdadera autonomía, porque hace libre a la persona, que permanece artífice principal de sus éxitos o de sus fracasos.

Concretar nuestra misión personal es un requisito indispensable para poner en práctica un liderazgo logrado. Esto es imposible para la persona que va dando tumbos

---

10. Abraham Maslow, *Readings in Humanistic Psychology*, Nueva York, 1969, en Viktor Frankl, *op. cit.*, p. 21.

por la vida y tan solo se mueve por preferencias arbitrarias, dictadas por el relativismo reinante en la sociedad que incapacita para el compromiso personal a largo plazo. Tampoco sería un liderazgo logrado dejar que nuestra vida se someta a los vaivenes, no ya del pensamiento de moda —lo políticamente correcto— sino también de la dictadura de las pasiones o de la seducción de la técnica. Es cierto que la técnica muchas veces nos rescata de las limitaciones físicas y amplía nuestros horizontes, pero la autosuficiencia de la técnica solo contesta a preguntas sobre el «cómo», olvidándose de los «porqués» que impulsan a actuar.

Cuando el único criterio de verdad es la eficiencia y la utilidad, se niega automáticamente la mejora, pues la verdadera perfección del hombre no consiste principalmente en el hacer. La clave del desarrollo está en una inteligencia capaz de entender la técnica y de captar el significado plenamente humano del quehacer de cada persona. Necesitamos, por tanto, unos ojos y un corazón nuevos para darnos cuenta de la importancia de involucrarnos a favor del bien común y, de este modo, saber señalar las prioridades en nuestro trabajo y en nuestras tareas cotidianas.

Además, si la racionalidad del quehacer técnico se centrase tan solo en sí misma, al final se revelaría como irracional, porque comporta un rechazo del sentido y del valor. De este modo, fácilmente se deslizaría hacia el olvido de la dignidad de la persona, como nos cuenta Platón en una de sus obras más importantes, la *República*, donde nos presenta al antiguo filósofo Trasímaco, quien define la justicia como la «ventaja del más fuerte». Pero desde los tiempos de Sócrates sabemos que «quien lesiona la dignidad de una persona también está lesionando su propia dignidad». Un hecho hartamente comprobado por los nuevos conocimientos de la neurobiología[11].

Es Immanuel Kant (1724-1804), quien, con gran acierto, nos da una pista en su *Fundamentación de la metafísica de las costumbres*[12], para abordar el concepto de dignidad de la persona:

> El ser humano, y, en general, todo ser racional, existe como fin en sí mismo, no solo como medio para usos cualesquiera de esta o aquella voluntad; en todas sus acciones, no solo las dirigidas a sí mismo, sino también a los demás seres racionales, debe ser considerado siempre al mismo tiempo como fin.

Lo que Kant viene a decir es que usar a las personas es instrumentalizarlas, de modo que son tratadas, por un lado, como seres no libres, rebajándolas a la categoría de esclavas y, por otro, sirviéndose de ellas para conseguir nuestros propios fines. Esto es manipulación, que consiste en dirigir a las personas como si fueran autómatas o instru-

---

11. Gerald Hüther, *Würde. Was uns stark macht - als Einzelne und als Gesellschaft*, Pantheon Verlag, Múnich, 2018, p. 21: «¿No es así, que el que lesiona la dignidad de una persona en realidad está lesionando su propia dignidad?».

12. Immanuel Kant, *Fundamentación de la metafísica de las costumbres*, Ediciones Encuentro, Madrid, 2009, pp. 65-70.

mentos que utilizamos para satisfacer nuestros deseos o intereses. Todo ser humano tiene derecho a ser reconocido como persona concreta, con una identidad propia diferente de la de las demás, nacida de su biografía y del ejercicio de su libertad. Tratar a una persona como un instrumento para lograr un fin significa cometer violencia contra ella, ya que todas las personas son igualmente dignas.

El hombre existe como un fin en sí mismo y no simplemente como un medio para ser usado por esta o aquella voluntad. Esto significa, como acabamos de ver, que «el que lesiona la dignidad de una persona, se está lesionando a sí mismo».

Una razón encerrada en su egocentrismo fácilmente queda a merced de sus sentimientos no armonizados en el todo de su identidad personal y, en especial, de los deseos más inmediatos tales como el odio, la pereza, la comodidad, la vanidad, la codicia, etc. Al no estar coordinadas armónicamente las esferas de la cognición y de la voluntad, el hombre se desajusta y se hace esclavo de sus pasiones: no se conduce a sí mismo, deja de ser dueño de sí. Es llamativa la claridad con que los clásicos se dieron cuenta de esto.

Así se expresaba Séneca sobre Alejandro Magno:

> Alejandro devastaba y ponía en fuga a los persas, a los hircanos, a los indios y a todos los pueblos que se extendían por el Oriente hasta el océano, pero él mismo, unas veces por haber matado a un amigo, otras por haberlo perdido, yacía en las tinieblas,

> lamentando ya su crimen, ya su soledad, y el vencedor de tantos reinos y pueblos sucumbía a la ira y a la tristeza. Porque se había comportado de modo que tenía en su potestad todas las cosas, pero no sus pasiones. En qué gran error están los hombres que desean llevar su dominio más allá de los mares y se consideran muy felices si obtienen guerreando muchas provincias y añaden otras nuevas a las antiguas, sin saber cuál es el reino más grande e igual al de los dioses. Dominarse a sí mismo es el mayor de los imperios[13].

De esto deducimos que el gobierno más difícil es el gobierno de uno mismo, lo que equivale a decir que hacer buen uso de la libertad no deja de ser un reto, pues libertad no quiere decir otra cosa que poseer dominio sobre las propias tendencias, es decir, tener la capacidad de dirigirse al bien actuando por propio impulso. Ser empresarios de nuestra vida es una tarea que no resulta fácil, pero es un trabajo que vale la pena acometer pues significa un salto de calidad en el modo de vivir.

---

13. *Epistulae morales ad Lucilium* 113, 29-30. Se trata de 124 cartas de Séneca a Lucilio distribuidas en diez libros que, si bien tienen un destinatario al que Séneca alude en todas ellas, van en realidad dirigidas a un público más amplio. Constituyen un verdadero tratado de ayuda y acompañamiento espiritual. Para Séneca la filosofía no es solo una búsqueda desinteresada de la verdad, sino el profundo deseo de vivir conforme a la verdad y a la naturaleza. Aunque todos los hombres necesitan de la filosofía, no todos pueden dedicarse a ella; por eso es obligación del sabio enseñar a los demás. La misión del líder es buscar no solo su propia perfección, sino también la de los otros. Solo la vida de acuerdo con la verdad hace al hombre libre y le ayuda a llevar una vida eudaimónica.

En la medida en que consigo un temple personal no me estoy dejando arrastrar por el viento que más fuerte sopla en cada momento, sino que llevo con firmeza el timón de mi vida. Ese talante elegante se reflejará en un modo de conducirse en el que brilla el señorío de uno mismo. El resplandor de su inteligencia se manifestará, sobre todo, en el control sobre sí mismo, incluso en las contrariedades más adversas. Y este líder, con esa luz interior que difunde a su alrededor, será como aquel personaje de Miguel Delibes, esa señora de rojo sobre fondo gris, de quien nos dice el escritor que «con su sola presencia aligeraba la pesadumbre de vivir»[14].

Conocer y sentir valores

La axiología, o ética de los valores, ha sido una de las incorporaciones más importantes del pasado siglo a la ciencia ética. Dado que la persona humana no solo es un ser que piensa y conoce, sino que vive y actúa, está comprometida en saber si lo que hace es bueno o malo, honesto o deshonesto. Es así como la axiología se introduce en la ética.

No nos basta, por tanto, saber que alguien ha cogido la cartera del vecino, sino si tal acción es buena o mala. Asimismo, nos interesa conocer el interior de dicha persona cuando comete tal acción, que no solo tiene la enti-

14. Miguel Delibes, *Señora de rojo sobre fondo gris*, Destino, Barcelona, 1991, p. 13.

dad de estirar el brazo y coger una cosa que no le pertenece, sino que comete un robo, pues se apropia de lo que no es suyo. Por ello, además de hacer el mal, esa persona se hace mala a sí misma.

Ahora bien, los valores son realidades no fáciles de definir, pero en el origen de la ciencia axiológica —en concreto para los grandes filósofos como Max Scheler y Nicolai Hartmann— son realidades adscritas a las cosas mismas. Al modo como la realidad se define por el ser —es decir, por el hecho de tener «consistencia», con lo que resulta que es algo—, también se puede entender por lo que vale.

Igualmente, Ortega y Gasset concedía a los valores una determinada entidad. Así se expresaba: «No son, pues, los valores un don que nuestra subjetividad hace a las cosas, sino una extraña, sutil casta de objetividad que nuestra conciencia encuentra fuera de sí, como encuentra los árboles y los hombres». Y añade: «Los valores no se ven con los ojos como los colores, ni siquiera se entienden, como los números y conceptos. La belleza de una estatua, la justicia de un acto, la gracia de un perfil femenino no son cosas que quepa entender o no entender. Solo cabe "sentirlas", y mejor, estimarlas o desestimarlas. El estimar es función psíquica real —como el ver, como el entender— en que los valores se nos hacen patentes»[15].

---

15. José Ortega y Gasset, «Introducción a una estimativa: ¿qué son los valores?», en *Obras completas*, t. VI, Revista de Occidente, Madrid, 1961, p. 315.

Max Scheler señala la importancia de la «percepción afectiva» o «intuición emocional» de los valores y subraya el papel de la experiencia para reconocerlos. Necesitamos los sentimientos para captar emotivamente lo bello, lo sobrecogedor y sublime. La pretensión de ser estrictamente realistas, de ahogar los sentimientos como si fueran evasiones subjetivas de carácter hedonista, supone un ataque frontal al mundo de los valores. Sin embargo, el criterio de valor basado en el sentimiento tiene una lógica peculiar. Al no poder atenerse a pautas externas, la percepción afectiva de los valores puede conllevar una cierta ambigüedad y, con ella, entrañar algún riesgo de equivocarse.

Un hombre puede experimentar el sentimiento de que algo es sumamente valioso y obtener un conocimiento nítido de tal valor. Pero al querer transmitirlo a los demás puede también quedar perplejo al observar que no hay correspondencia. Por ejemplo, no a todos y no siempre, hablan un cuadro, una estatua, un poema, una música. ¡A cuántos sucede que al entrar en la Capilla Sixtina se sienten oprimidos por un aburrimiento mortal, pues nadie ha hecho surgir en ellos aquellas posibles aptitudes que les permitieran apreciarla! «Ver es algo que debe ser aprendido», dice Heinrich Wölfflin[16].

Estar en condiciones de poder captar los valores —y, sobre todo, su jerarquía— nos permite distinguir lo más

16. Heinrich Wölfflin, *Conceptos fundamentales en la historia del arte*, Espasa-Calpe, Madrid, 1976, p. 25.

de lo menos importante y es una condición para el éxito de la vida individual y para la comunicación con los demás. Pero no se trata tan solo de llegar a un conocimiento de los valores, en particular de los valores moralmente relevantes, sino también de «sentir el valor»[17]. A veces oímos una melodía y captamos claramente su belleza, pero no nos llega al corazón, no nos conmueve. Pensemos en ciertos valores morales, como la humildad o la honestidad. Al meditar sobre estas virtudes, encarnadas en los líderes con excelencia, admiramos su inmensa profundidad y la infinita capacidad de mejorar en ellos. Notamos, pues, la diferencia entre «conocer el valor» y «sentirlo» e, incluso, «estar familiarizado» o «connaturalizado»[18] con ese valor, como consecuencia de vivir de acuerdo con él.

Un buen líder ha de ser capaz de familiarizarse con los valores que son importantes para él; pero también tiene que saber descubrir valores sin dejarse cegar por apariencias superficiales. Es un hecho conocido que la capacidad de discernir entre lo justo y lo injusto puede adulterarse cuando interviene nuestro interés personal. A menudo advertimos cómo alguien, cuando anda de por medio su

---

17. Expresión específica de Max Scheler. Véase *Der Formalismus in der Ethik und die materiale Wertethik*, Bouvier Verlag, Bonn, 2007.

18. La necesaria concordancia con la verdad exige una connaturalidad del sujeto que actúa con el bien. Esta connaturalidad se realiza mediante las virtudes, tal como afirmó Aristóteles en su *Ética a Nicómaco*, III, 4, 1113 a-b: «Medida viva del bien es el virtuoso, porque a él le parece bien lo que en realidad es bueno».

propio interés, no solo es menos minucioso con la honradez de su conducta, sino que llega a perder el fino sentimiento que tenía de ella cuando no se hallaba en juego su beneficio personal, que le ha llevado a volverse ciego para ciertos valores en esa determinada situación. Su mirada hacia los valores se ha enturbiado y se ha vuelto insensible porque le falta haberse familiarizado con ellos[19].

Lo que acabamos de decir lo notamos de modo especial en los motivos de peligro. Si nos hemos forjado un carácter justo podremos resistir mejor las crisis porque lo haremos de forma solidaria. Cuando a la gente le haces partícipe y le das una oportunidad, de buena gana quieren coger el testigo y contribuir responsabilizándose. El buen líder ha de tener esto muy en cuenta y saber potenciarlo.

Pero, además, para ejercer un liderazgo con excelencia se requiere comunicar en sintonía de corazones[20], creando una armonía en la que fluya el equilibrio, la consonancia, el encuentro, la paz, el acuerdo, la empatía, ese «meterse en los zapatos del otro» que nos capacita para entenderlo y compartir su estado de ánimo[21]. Esto que

---

19. Dietrich von Hildebrand, *Moralidad y conocimiento ético de los valores*, Ediciones Cristiandad, Madrid, 2006, p. 51.

20. Podríamos decir, recurriendo para ello al origen etimológico de la palabra *concordia*, *cum-cordia*, que hace posible el buen desarrollo de la personalidad de cada uno a través de las voluntades. El corazón es transformado porque es habitado por la intencionalidad del amigo y a ella se une en la tensión del obrar.

21. Alfred Sonnenfeld, *Armonía. La sorprendente comunicación en la pareja*, Rialp, Madrid, 2020.

parece tan fácil no lo es, porque depende de muchos factores, que valoran de modo desigual los diferentes estados de ánimo entre el emisor y el receptor, así como los hechos y acontecimientos. La valoración que hacemos de algo depende, en primer término, de las «representaciones mentales» o «convicciones» que cada uno se haya forjado a lo largo de su vida, lo cual nos hace ver las cosas con ojos diferentes[22].

De lo dicho podemos deducir que el liderazgo ético no se apoya en un recetario sobre cómo actuar en cada ocasión o en técnicas que se aplican a la toma de decisiones, a la dirección de personas, etc. El verdadero liderazgo es consecuencia lógica de desarrollar unos hábitos buenos. No consiste en tener más —inteligencia, poder, habilidades, etc.—, sino en ser mejor, en crecer interiormente. No se trata solo de gozar de un buen puesto, de atesorar más contactos o de cuidar la imagen. Lo importante es ser mejor persona, adquirir hábitos coherentes con nuestros valores y con un sistema ético verdaderamente humano. La calidad personal no depende de lo que se posea, sino del ser persona: el «ser» esconde en su interior una capacidad de felicidad más gratificante que el «poseer».

Por lo general, nos resulta más fácil decir a todo que sí; pero contribuir eficazmente a que todas las personas suje-

22. Antiguamente, los expertos en Humanidades decían: «Lo que se recibe, lo que se conoce, lo que se adquiere, toma la forma del que lo recibe, conoce o adquiere». Es una perspectiva hecha desde el sujeto que da forma, interpreta y «colorea» los datos recibidos.

tas a nuestra influencia den lo mejor de sí mismas, como personas que disponen de unas cualidades y circunstancias determinadas, conlleva una exigencia que no pacta con la mediocridad. Para ello es preciso ir por delante, pues primero se lidera con lo que se es, luego con lo que se hace y, solo en tercer lugar, con lo que se dice o se manda hacer. No se trata de ser una persona extraordinaria para poder liderar a otros, pero sí de ofrecer lo mejor que cada uno llevamos dentro.

Recapitulación

Reflexionar sobre estas dos palabras, *liderazgo* y *ética*, tiene que ver con los actos que dependen de nosotros. Cada uno de nosotros ha de asumir el sentido profundo de su actuar, de su responsabilidad al decidirse de tal modo y no de tal otro, pues esto contribuye a la propia autorrealización o a la autodestrucción. Se trata de saber descubrir aquel modo de vivir que me lleva a una vida lograda y, para ello, de reconocer que el punto de vista moral tiene siempre primacía sobre el punto de vista técnico, porque la dimensión moral juzga las acciones como buenas o malas en orden a la vida como un todo; sin embargo, la dimensión técnica considera únicamente la consecución de fines parciales.

Hemos de tomar las riendas de nuestra vida para poder gestionarla convenientemente. Esto nos dará una mayor calidad en nuestro actuar y nos permitirá establecer la verdadera prioridad de valores (*priority setting*), que no se alcanza tan solo por el discurso o la enseñanza, sino por la experiencia y la práctica. El carácter apremiante de los valores está casi siempre en razón inversa a su altura, porque precisamente los más altos, los que producen más gozo, requieren cierta disciplina para ser captados. Requieren una atención más profunda, y la atención es actividad. Y esta actitud diligente contribuye a la excelencia del líder que no solo sabe detectar valores para sí mismo, sino que es capaz también de hacerlos descubrir.

Capítulo II

Primer descubrimiento: el ser humano es, por naturaleza, relacional

> El ser humano es por naturaleza relacional. Los conocimientos neurobiológicos nos dicen que estamos hechos para vivir en un ambiente de resonancia social y de cooperación.
>
> Joachim Bauer

El líder con excelencia ha de saber relacionarse con todos

El buen líder es alguien que sabe servir a la gente y resolver problemas. Destaca por sus habilidades para relacionarse con la gente y liderar equipos, comunicarse bien, transmitir una visión sabiendo contagiar su entusiasmo, esfuerzo y dedicación. El buen líder no nace como tal, sino que se va formando, sabiendo gestionar, para ello, sus imperfecciones y las de los demás[1].

Una de las equivocaciones más persistentes de nuestro tiempo consiste en pensar que la actuación de las personas, ya sean niños o adultos, vendría determinada de modo excluyente por sus genes. Si así fuera, el programa genético haría superflua toda influencia del mundo exterior. Esta afirmación nos llevaría a concluir, fatalmente, que las capacidades del niño se desarrollarían por sí solas. Sin embargo, hoy sabemos que los genes no son «autistas», no están encerrados con llave, sino que la inmensa mayoría son cooperadores y comunicadores; su actividad depende eminentemente de las señales que reciban desde fuera del sujeto.

Necesitamos vivir en un ambiente de *amabilidad social*. Para que podamos hablar de una vida lograda o malograda hemos de tener muy en cuenta el ámbito de relaciones en el que se desarrolla nuestra existencia. La amabilidad puede determinar, por poner un ejemplo, que un trabajador sea más o menos eficiente; si es servicial, tiene buenos modales y un buen trato cara al público desempeñará mejor sus tareas. Un buen líder sabe dominar con señorío sus propios conflictos, su disarmonía momentánea, para no dejar que su mal momento personal influya en su trato hacia los demás.

---

1. Michael Sandel, *The Case Against Perfection. Ethics in the Age of Genetic Engineering*, Harvard University Press, Cambridge (MA), 2007.

Por eso, hemos de afirmar con rotundidad que los genes no se transmiten inalterablemente de generación en generación. Lo que cuenta no es tanto el ADN y su configuración, sino lo que lo rodea. Lo realmente importante para la vida es saber qué genes están encendidos y cuáles apagados. Randy Jirtle, un investigador estadounidense de la Universidad Duke en Durham, Carolina del Norte, ha verificado con su equipo numerosas pruebas palpables y, sobre todo, visibles de este hecho[2]. El genoma humano[3] hace que tendamos a ser de cierta manera, pero es nuestra forma de vivir la que activa o desactiva determinados genes. En definitiva, el modo en que actuemos determina nuestra manera de ser.

Jirtle es un reconocido experto en epigenética, una disciplina que ha aportado nuevos conocimientos para la salud y el comportamiento del ser humano. La diferencia entre genética y epigenética podría compararse con la diferencia que existe entre escribir y leer un libro. Una vez que el libro ha sido escrito, el texto (los genes) será el mismo en todas las copias. Sin embargo, cada lector podría interpretar la historia del libro de una forma distinta, según sus diferentes emociones y proyecciones, que pueden ir cambiando a medida que se desarrollan los capítulos.

---

2. Randy Jirtle y Frederick Tyson (editores), *Environmental Epigenomics in Health and Disease: Epigenetics and Complex Diseases*, Springer Verlag, Heidelberg, 2013.

3. El genoma humano es la codificación genética en la que están contenidas todas las informaciones hereditarias del ser humano.

Podemos, por tanto, concluir que, del mismo modo que una buena alimentación contribuye a nuestra salud o la leche materna al buen desarrollo del recién nacido, lo hacen las buenas relaciones sociales. Por naturaleza el ser humano, desde su nacimiento, está orientado hacia unas relaciones parentales y sociales satisfactorias. Hoy sabemos que para el buen desarrollo del niño necesitamos tanto la leche materna como su buena atención relacional. Es precisamente esta buena atención lo que hace que se activen y actúen ciertos genes importantes para su buen desarrollo.

La autoridad es una relación

Quizás recordemos que, durante nuestro tiempo como escolares, tuvimos dos tipos de profesores con las siguientes características. Uno de ellos se llamaba Juan, profesor de Matemáticas, y no destacaba especialmente como experto en su materia ni en el modo de transmitir el contenido de sus clases. El otro, Pablo, profesor de Lengua, gozaba de grandes cualidades pedagógicas y era un gran conocedor de su asignatura. Pero Juan poseía una gran autoridad; al entrar en clase, los alumnos callaban de inmediato y le escuchaban. Por el contrario, Pablo carecía de autoridad y durante sus clases los alumnos no prestaban atención.

Juan es reconocido por sus alumnos, pues asienten en todo lo que les comunica en el campo de las matemáticas.

Goza de gran autoridad. Pablo apenas tiene autoridad personal para sus alumnos y, no obstante, aceptan como verdadero cuanto él expone.

Este reconocimiento por parte del alumno parece ser una propiedad esencial de la autoridad; más aún, parece incluso definirla. Es decir, cuando el alumno asiente a las enseñanzas en una determinada disciplina, ello constituye al profesor en una autoridad para sus alumnos en ese campo. Juan comunica algo a sus alumnos, que no solo entienden los signos, sino el contenido que se les comunica en forma de aserción y entienden también que proceden del portador de la autoridad y, finalmente, esto es un punto esencial de la autoridad: asienten y confirman lo que se les ha comunicado.

La palabra *autoridad* encierra, en su sencillez, una verdad fundamental de la vida: es una relación que permite el crecimiento del hombre. La raíz latina de *autoridad* (*augeo*, *auges*, *augere*, *auxi*, *auctum*: 'acrecentar, robustecer, hacer prosperar') muestra la conexión de esta palabra con la dinámica de un desarrollo encauzado a ser perfeccionado.

En nuestra vida nos encontramos con personas que nos llaman la atención por tener un «algo más» que a nosotros todavía nos falta. Son personas que han sabido perfeccionarse asumiendo profundamente valores como lealtad, honestidad, solidaridad, tolerancia, igualdad, justicia, sinceridad, laboriosidad... Todos ellos gozan de una personalidad de la que nos podemos fiar, pero solo si esas personas han sabido familiarizarse con esos valores. No basta con incorporarlos únicamente por ser valores políticamente correctos. He de saber convertir esos valores en carne de mi carne, «encarnarlos», como suele decirse. Solamente entonces me dejaré conducir por una sensibilidad recta en todo momento, sabré gustar de lo bueno y aborrecer lo malo. Sabré superar la esquizofrenia, tan típica de hoy en día, entre el frío racionalismo que domina de lunes a viernes y la fiebre de la dispersión que campea el fin de semana.

La palabra *autoridad* describe también los vínculos que establecemos con las personas en la medida en que representan pasos hacia nuestra madurez y mejoramiento ético. Sin embargo, algunos realizan esta función de manera especial: son los amigos en los que confiamos. Aquellos que nos señalan el camino y nos acompañan mientras lo recorremos. Comparten nuestro camino, participando de nuestros descubrimientos, llamándonos, animándonos y señalándonos el cauce en el que debemos permanecer. Todas estas relaciones las podemos calificar como «autoridad».

Los grandes líderes tienen el arte de respetar, promover y construir relaciones humanas logradas. Las empresas y las organizaciones en general han de resolver tareas, pero respetando las relaciones humanas; de lo contrario, a la larga acabarán por desmoronarse.

Diferencia entre autoridad y poder

Ser líder significa tener influencia sobre otras personas. El líder ejercerá más o menos influencia dependiendo del grado de autoridad que haya adquirido. El líder que sabe ejercer autoridad tendrá más influencia. Por el contrario, si solo por medio del ejercicio del poder consigue mover al personal a su cargo a realizar una tarea, esto irá en detrimento de la empresa.

El poder hace referencia a la capacidad de sancionar, de penalizar. Tiene poder la Guardia Civil de Tráfico o el directivo ante sus empleados, pero su influencia es de corto alcance ya que se ejerce mientras se nos ve o cuando se puede dar cuenta de lo que hacemos.

Por el contrario, la autoridad ejerce una influencia de largo alcance y es independiente de que la persona que la posee esté o no presente. Se sigue a la persona con autoridad por convencimiento e, incluso, va la vida en ello. Por eso ya no basta con lo que las cosas parecen, interesa lo que realmente son. No me contento con que aquella persona que aprecio tenga buen aspecto, quiero que realmente esté sana y deseo saber si verdaderamente lo está.

Pensemos en una persona que haya tenido sobre nosotros autoridad, es decir, en una persona con influencia positiva sobre nuestra vida. En alguien por quien estaríamos dispuestos a hacer cualquier cosa. Puede ser el cónyuge, el padre, la madre, la abuela, el entrenador, un jefe, un profesor, un médico, un amigo, un líder político o religioso, etc. Enumeremos las cualidades por las que la hemos elegido y reflexionemos sobre las características que, a nuestro juicio, son esenciales para mandar con autoridad. ¿Son innatas? ¿Son adquiridas?

Cuando hayamos definido nuestras características, es muy posible que más de una coincida con las consideradas por James Hunter[4]:

> Honradez, ser digno de confianza.
> Ejemplaridad.
> Estar pendiente de los demás.
> Estar comprometido.
> Ser atento (atención).
> Exigir responsabilidad a las personas.
> Tratar con respeto a los demás.
> Animar.
> Tener una actitud positiva, entusiasta.
> Apreciar a las personas.

Autoridad epistemológica y deontológica

¿Qué ocurriría si un especialista en zoología pretendiera ampliar su autoridad fundada en un tema tan específico como, por ejemplo, el crecimiento de las antenas del mos-

---

4. James C. Hunter, *La paradoja. Un relato sobre la verdadera esencia del liderazgo*, Urano, Barcelona, 1999, pp. 45-46.

quito *Anopheles*, a un campo como el de la ética? Esto sería un abuso de autoridad, pues el hecho de saber mucho en su campo no le convierte en un experto en ética. Es sorprendente la frecuencia con que actualmente se invaden las competencias en los diferentes campos.

El filósofo Joseph Bochenski solía distinguir entre autoridad epistemológica y deontológica[5]. La primera es la del que está objetivamente más instruido. Por el contrario, la autoridad deontológica no es la de quien sabe más acerca de algo, sino la que corresponde a quien la representa, al líder, al dirigente, al director de un banco. Ni que decir tiene que estas autoridades no solo no se excluyen mutuamente, sino que sería muy conveniente que ambas se diesen conjuntamente en la misma persona. Un buen director de un banco, un buen jefe de empresa sabe, por lo general, más que otros en el mismo campo, pero esto no basta para que sea un buen líder. Del mismo modo, una autoridad deontológica, en caso de faltarle la competencia profesional —es decir, sin autoridad epistemológica en su propio campo— tarde o temprano se hundiría en un fracaso lamentable.

Sin embargo, las dos autoridades son independientes entre sí. El que uno tenga la autoridad epistemológica no significa que también posea, en ese campo, la deontológica. Un médico principiante puede en ocasiones diagnosti-

5. Joseph M. Bochenski, *¿Qué es autoridad?*, Herder, Barcelona, 1989, pp. 61-65.

car mejor una enfermedad que el jefe de su unidad clínica. Por lo tanto, no deja de ser un reto para un líder gozar no solo de autoridad epistemológica, sino también de autoridad deontológica.

Puede suceder que sepa muy bien que alguien es mucho más competente que yo en un determinado campo; pero tengo la sospecha de que a menudo me engaña y, por tanto, no confío en él. ¿Puede decirse entonces, y pese a todo, qué es para mí una autoridad? Por lo general, a un mentiroso difícilmente podremos llamarle autoridad. En el concepto de autoridad va incluida la confianza.

La confianza puede transformar a una persona, incluso recrearla. Constituye la premisa indispensable para cualquier diálogo. Solo mediante la confianza se me revela el otro como *tú* y despierta eficazmente la capacidad de respuesta.

Se acabaron los tiempos en que bastaba con invitar a los clientes o a los empleados a viajes trasatlánticos o a comer para firmar un contrato. Ahora lo importante es crear un clima de confianza del cual brote la calidad, el servicio y el precio que se está dispuesto a pagar.

El liderazgo de una madre

¡Mi madre es líder porque le importo! Me quiere por lo que soy, no por lo que valgo. Si a la empresa uno no le vale, lo quitan de en medio. Sin embargo, a una madre, un hijo siempre le vale: es su hijo. Busca su bien desinteresadamente y, por tal motivo, casi siempre ejerce una influencia positiva.

Alguno pensará, como exclama el refranero popular, que «madre no hay más que una». Cierto, pero también la sabiduría popular usa la expresión «querer como una madre» para referirse a la persona de cuya confianza se está seguro y de la que uno se fía plenamente. Ser como una madre para los demás es todo un reto. Sentirse objeto de una confianza que evoca la de la madre genera una fuerza creadora de primer orden, que ayuda a no defraudar las esperanzas que en uno se han depositado.

Sin confianza, el otro se hunde en la lejanía de un *él* cerrado y solitario o, incluso, en el anonimato del *ello*, de una cosa sin valor.

La famosa consigna de Lenin «la confianza es buena, el control es mejor» solo es cierta en casos excepcionales, es decir, en aquellos en los que la palabra *mejor* no se entienda moralmente, sino en el sentido utilitarista. La manipulación es el control útil. Pero sin confianza, el control ni siquiera es eficiente porque los resultados que se quiere controlar escapan del campo de las variables meramente técnicas susceptibles de medición.

Como bien apunta Juan Antonio Pérez López,

> [...] el suponer la existencia de un sistema de control perfecto es una forma de escapismo utópico bastante grave. Los límites de los sistemas de control son límites extrínsecos del poder.

> No importa lo grande que este sea, lo que falla en este caso es el saber cómo aplicarlo para conseguir lo que se quiere[6].

No es posible asegurar de un modo estable el logro de los objetivos de una institución a base de usar tan solo medios coactivos. Esto equivaldría a considerar la empresa de un modo muy parcial. Gran parte de la literatura sobre organización se centra en los sistemas de control formales; en cómo perfilarlos, cómo estructurarlos en función de las tareas que hay que solucionar, etc. Esto es legítimo, pero insuficiente por sí mismo.

Pensemos en las fábricas antiguas de países sometidos a ideologías totalitarias. Si los objetivos no se cumplían, la jefatura podía castigar a los responsables sin más. Los sistemas de control formal llevaban obviamente a que la gente se limitase al puro cumplimiento de los mandatos, con una actitud de indiferencia y apatía. Si falta la confianza, la única manera de liberar el potencial humano es emplear la política del «palo y la zanahoria»: hay que colgar la zanahoria (recompensas) delante de los subordinados para motivarles y transmitir una razonable cantidad de temor con el palo (castigos o pérdida del trabajo) si no se logra realizar lo encomendado.

El director de una empresa que se limita a echar mano del poder que ejerce sobre sus subordinados, solo se está

---

6. Juan Antonio Pérez López, *Liderazgo y ética en la dirección de empresas. La nueva empresa del siglo* XXI, Deusto, Bilbao, 1998, p. 92.

moviendo por la capacidad de manejar motivos extrínsecos sobre el comportamiento de otras personas. La autoridad, por el contrario, es la capacidad que tiene una persona para apelar eficazmente a motivos trascendentes de otras personas. La autoridad se basa en la libre aceptación, sin que medie coacción de ningún tipo sobre los subordinados. De hecho, solo la autoridad hace que alguien sea obedecido en sentido estricto. Porque, en rigor, «obedecer» significa querer lo que otra persona quiere y porque esa persona lo quiere. Obedecer no significa hacer lo que otra persona quiere porque tiene poder coactivo para imponer su voluntad. Si un líder goza de gran autoridad no necesitará ejercer el poder para que sus mandatos sean obedecidos.

El poder se puede comprar y vender, conceder y quitar. Solo porque usted es mi cuñado puedo darle esta posición tan alta. Si hubiese nacido en una casa real, podría haber sido príncipe. Si hubiera heredado todo ese dinero, llegaría a ser el accionista más importante. Esta situación grotesca no sucede con la autoridad. La autoridad jamás se concede o se quita. La autoridad se adquiere con la forja del propio carácter y no se impone, sino que se inspira a los demás.

La autoridad moral se conquista por la coherencia entre el hacer y el ser

Hemos visto que una cosa es el poder y otra la autoridad moral: la persona merece el cargo. La fuerza de la autoridad se halla en la autoridad moral que es la que se conquista, no por decretos o investiduras externas y ni mucho menos por imposiciones o castigos, sino por la coherencia entre el decir y el hacer, entre el hacer y el ser. La autoridad moral no puede ser fabricada ni exigida.

La autoridad no está en primer lugar para mandar, organizar, coordinar, sancionar o controlar. Su primer papel es el de encarnar un ideal y conducir hacia él. La fuerza motriz para el cumplimiento de tal papel es la actitud de servicio. Para mandar hay que servir. Cuando la autoridad solo interviene para ordenar, mandar y exigir, es una autoridad interesada en afirmar sus propios derechos y crea rechazo.

Quien tiene poder, desde que recibe el cargo debe tratar de conquistar la autoridad moral (deontológica). Un poder que solo se ejerce como autoridad formal merece ser obedecido porque es autoridad, pero esta nunca podrá cumplir su meta, no será fecunda. Será una autoridad obedecida a desgana, por obligación, nunca voluntariamente. La autoridad moral solo puede ganarse por el servicio desinteresado a los demás; de esa forma se adquiere el derecho a ser obedecido con buena voluntad y a recibir la cooperación y la adhesión de los subordinados.

Es importante subrayar que el líder tiene autoridad moral cuando habla, cuando influye en las personas y les inspira en su actuar. Si un político sorprendido en una aventura amorosa ofreciera un discurso sobre los valores de la familia y la importancia de la fidelidad conyugal,

¿cuál sería la respuesta probable? La autoridad legítima se debe ganar; no se adquiere con un título, con una placa con el nombre o gracias a un privilegio especial.

La confianza en las intenciones de quien manda es lo único que realmente puede dar origen a la autoridad. Tan solo cuando una persona sabe que su propia vida no es indiferente para los demás y que los otros dependen de sus decisiones, se manifiesta el núcleo profundo de la autoridad.

Lo fundamental de la autoridad consiste precisamente en amar al otro. El otro acepta gustosamente ejecutar lo que le pide cuando descubre que este amor es verdadero. Por tanto, cumplir es confiar; supone estar en relación de comprensión y amor desinteresado con quien nos ama.

Tener confianza en el hombre es afirmar su totalidad, no solo algunas de sus capacidades o dimensiones, como su laboriosidad, sus capacidades empresariales, sus conocimientos de informática, de matemáticas o de estadística, su honestidad, su sinceridad o su buen humor. El otro es digno de amar, puede amar. Siendo amado descubre esta capacidad de amar. Mi capacidad de amar despierta en el otro esta misma capacidad que habita en él.

Si solo hubiera confianza en una de sus cualidades esto equivaldría a la negación de la confianza verdadera. Es decir, toda parcialidad supone la negación de la totalidad. ¡La confianza es total o no es!

El amor humano exige este tipo de confianza sin límites: no se ama en la persona amada una serie de buenas cualidades, sino su persona sin más.

UNO SE CONFÍA AL OTRO SIN RESERVAS HACIÉNDOSE DE ESTE MODO VULNERABLE

Los desconfiados dicen que su actitud se debe a sus malas experiencias. Esta idea no es sino una generalización derrotista, propia de quien se ha puesto unas gafas oscuras y todo lo ve negro. No advierten los matices que brillan entre lo negro y lo blanco: todo lo absolutizan, sin calibrar.

En realidad, la desconfianza no es algo natural. Uno se hace desconfiado y, como dice Robert Spaemann, «al que rehúye por principio confiar en los demás, no le queda más que un remedio: suicidarse»[7].

Autonomía absoluta solo existe para el hombre en el breve momento en el que pretende separarse del mundo. Si queremos vivir, debemos renunciar al deseo de ser enteramente dueños de la situación y confiar en los demás. «Abandonarse en alguien» (*sich auf jemanden verlassen)*, así es como se dice en alemán «confiar en alguien». Abandonarse supone, efectivamente, lo contrario de quedarse consigo mismo; es desprenderse del adorado yo.

Los psicólogos hablan de una «confianza originaria» del hombre, sin la cual no es posible una vida sana, y que tiene su fundamento en la confianza del niño pequeño en

---

7. Robert Spaemann, «Wirklichkeit als Anthropomorphismus», en *Schritte über uns hinaus. Gesammelte Reden und Aufsätze*, II, Klett Cotta, Stuttgart, 2011, pp. 188-215. En lo relativo a la confianza sigo de cerca las ideas expuestas por Robert Spaemann en una conferencia pronunciada en el IESE en mayo de 2005.

su madre (René Spitz). Si en torno al recién nacido no aletea la confianza, sino más bien la ansiedad, el miedo o el desamor, el niño no logra desarrollarse correcta y armónicamente.

El niño no «se decide» a confiar en su madre: es precisamente al revés, primero está con su madre y paulatinamente llega a ser él mismo. Toda la confianza posterior, todo abandonarse en otros, es la repetición de lo que pasaba al principio[8].

Y si no pasaba al principio, la consecuencia es a menudo una debilidad del yo; la incapacidad de abandonarse es, a su vez, expresión de esta debilidad del yo. Solo un yo fuerte puede abandonarse sin miedo a perderse. Lo que podemos aprender, por tanto, no es la confianza, sino la desconfianza.

En uno de los cuentos de Gregor von Rezzori, un padre anima a su pequeño hijo a saltar a sus brazos abiertos, desde el árbol al que se había subido. El niño salta, el padre se aparta y le deja caer al suelo. El niño llora y el padre le explica: «Lo hice para que aprendas a no confiar en nadie».

Tener confianza en el hombre significa salir al encuentro de la realidad del otro. La confianza es un acto humano que referimos a personas, por tanto, a sujetos libres. Solo

---

8. Alfred Sonnenfeld, *Educar para madurar. Consejos neurobiológicos y espirituales para que tú y tus hijos seáis felices*, 11.ª edición, Rialp, Madrid, 2019, pp. 47-48.

mediante la confianza se me revela el otro como *tú*, pues solo la confianza despierta la capacidad de respuesta, es decir, de responder ante mi llamada. Sin la confianza, el otro se agarrota en un escepticismo que no cree en nada; esto es precisamente lo que llamamos nihilismo. La negación de toda realidad, de toda verdad, belleza y bondad vinculantes.

El gran sabio judío Martin Buber afirmaba que el hombre no es un simple y aislado existente, sino un «ser dialogante». Su principal empeño fue el de destacar la importancia del diálogo, de la relación interpersonal, de los valores, de la verdad, de lo humano entre los hombres, algo que resumió en la célebre frase «Yo me hago gracias al Tú» y que está científicamente comprobada por la neurobiología, ya que nuestro cerebro es social. «Nuestra felicidad depende eminentemente de nuestras relaciones interpersonales»[9].

Incluso podemos afirmar que la creación de vínculos es esencial para la construcción de nuestra identidad, ya que desde los primeros años de vida y hasta la adolescencia los otros actúan como espejo y como modelo en la construcción de nuestra personalidad. Somos nuestros vínculos. Ninguno de nuestros vínculos —de pareja, filial, fraterno, de amigos, laboral— se debe por entero a nosotros, ni tampoco es responsabilidad tan solo de los demás. «Somos

9. Alfred Sonnenfeld, *La sabiduría del corazón. El triunfo del amor*, Almuzara, Córdoba, 2024, p. 100.

resultado de sinergias que tienen consecuencias singulares y originales»[10].

La confianza en las intenciones es, por supuesto, condición necesaria para la autoridad, pero no es condición suficiente. Para que la autoridad se dé es también imprescindible la confianza en la capacidad de decidir de modo adecuado que tiene una persona.

Recapitulación

El ser humano es, por naturaleza, relacional. Los genes actúan de un modo u otro dependiendo no tanto de su constitución, de si son más o menos buenos, sino más bien de nuestro estilo de vida y del ambiente y, con ello, de las relaciones sociales.

El liderazgo requiere honestidad y coherencia entre el ser y el actuar. Un aspecto importante de la honestidad es ayudar a las personas no solo a que desarrollen todo su potencial, sino también a que asuman responsabilidades. La confianza es un requisito importante para decidir sabiamente. Otra forma de honestidad es liberarse de conductas incoherentes tales como la falta de fiabilidad, las murmuraciones, trapisondas, difamaciones o traiciones.

---

10. Joachim Bauer, *Wie wir werden, wer wir sind. Die Entstehung des menschlichen Selbst durch Resonanz*, Karl Blesing Verlag, Múnich, 2019, pp. 44-45.

El poder solo es capaz de influir a través de la coacción externa. Por el contrario, la autoridad del verdadero líder, la que es capaz de motivar para que se desarrolle el sentido de responsabilidad en su gente, solo se gana a base de servir y de sacrificio. La influencia, capaz de inspirar confianza, que ha de ejercer un líder no se obtiene por medio de un título o disponiendo de un ejército; ha de ganarse. No hay ningún atajo para eso[11]. El buen líder no nace como tal: llega a serlo a través del esfuerzo de sacrificar su egoísmo precisamente cuando nadie le puede obligar a ello.

11. James C. Hunter, *Las claves de la paradoja. Una guía práctica para el líder con vocación de servicio*, Empresa Activa, Barcelona, 2005, p. 70.

Capítulo III

Segundo descubrimiento: conócete a ti mismo

> Esto he hecho, dice mi memoria. Esto no puedo haberlo hecho, dice mi orgullo, y permanece inconmovible. Finalmente, es la memoria la que cede.
>
> Friedrich Nietzsche

Parón reflexivo

«Conócete a ti mismo». Este axioma estaba escrito sobre el dintel de la puerta de entrada al templo de Apolo en Delfos (Grecia). Muchos sabios a lo largo de la historia, como Tales de Mileto, que pertenecía al grupo de los siete sabios, han vivido de acuerdo con esta máxima. También la filosofía de los estoicos asumió esta verdad como medio predilecto para llegar a una vida lograda.

El sabio, por tanto, ha de examinar su conciencia para poder discernir si sus elecciones están o no regidas por la recta razón. Esto es también lo que nos dice la Biblia en la epístola de san Pablo a los gálatas 6,4: «Que cada uno examine su propia conducta, y entonces podrá gloriarse solamente en sí mismo y no en otro».

Sumamente conocidas son las múltiples sentencias sobre el «conócete a ti mismo» recogidas en el *Florilegium* del teólogo san Máximo el Confesor (†662), que durante muchos años fue secretario del emperador Heraclio. También Juan Damasceno (†754) reunió una serie de dichos sobre el «conócete a ti mismo» en su obra *Sacra parallela*. En ambos hay una referencia explícita al libro de los Proverbios 13,7: «Aquellos que se conocen a sí mismos son sabios».

El sabio, por tanto, debe preguntarse: ¿Quién soy yo? ¿Qué es lo que me mueve a actuar de esta y no de otra forma? ¿En qué cosas me vuelco realmente, cuáles me hacen vibrar? ¿Qué me pone triste? ¿Dónde pongo mi corazón? ¿Cuáles son mis motivaciones reales al tomar decisiones? ¿Me dejo perturbar fácilmente por emociones pasajeras y superficiales?

Esta tarea de conocerse a sí mismo constituye un reto constante; algo siempre digno de mejorar porque ¡cuántas veces hemos tenido la experiencia de que nunca acabamos de conocernos! Recordemos que cada persona es irrepetible, inconmensurable, inabarcable; por tanto, siempre habrá algo en nosotros que va más lejos de nuestra captación, algo que se nos escapa. ¿Quién no ha sentido extrañeza ante su propia voz cuando esta ha sido grabada o quién no se ha sorprendido en una fotografía en la que nos vemos de medio lado o de espaldas? Si el reconocimiento a este nivel tropieza ya con dificultades de identificación, cuánto más entonces a otros niveles propios de estructuras más profundas de nuestra personalidad.

Tendemos a vernos bajo apariencias que deforman la realidad de las cosas. Con gran acierto se ha dicho que sería un gran negocio vendernos por lo que pensamos que valemos y comprarnos por lo que realmente valemos. Cuántas veces nos engañamos a nosotros mismos con todo tipo de autojustificaciones y autoengaños.

La sabiduría del «conócete a ti mismo» requiere capacidad de crítica hacia nosotros mismos, exigirnos para poder vernos tal como somos, sin doblez ni engaño. Ser sincero con uno mismo constituye toda una tarea. Esta tarea implica la necesidad de hacer un parón reflexivo tratando de descubrir cuáles son nuestras virtudes y nuestros defectos.

En definitiva, como bien dice el experto en liderazgo Michael Anderson,

> [...] el núcleo de un gran liderazgo tiene que ver con quién eres. Al fin y al cabo, tu liderazgo es un reflejo de tu relación contigo mismo. Por eso hemos de centrarnos en nuestro yo como líder. Al igual que cuando entrenas y asesoras a los líderes que tienes a tus órdenes, harás que se centren primero en sí mismos[1].

---

1. R. Michael Anderson, *Leadership Mindset 2.0. The psychology and*

Se trata de saber realmente quién eres, qué representas, cuál es tu papel y cuál es tu valor. Y después, se trata de permanecer en esa posición para poder empoderar a los demás. No se trata de dejarse atrapar o manipular por la política, los juicios, la negatividad, las quejas, las excusas, las creencias autolimitantes ni nada por el estilo. Se trata de estar en tu auténtico yo. De ser tú mismo o tú misma. Dicho de otro modo: «Es un trabajo de dentro afuera»[2].

La debilidad es compañera de la vida humana

Uno de los misterios más desconcertantes de la psicología humana es que el solo hecho de tener un ideal de vida excelente no basta para vivirlo. Cuántas empresas proclaman a viva voz tener vocación de servicio a sus clientes y, sin embargo, en muchos casos, ese servicio no es más que una estrategia comercial que nada tiene que ver con una misión o con una vocación. Y es que no basta solo con proponerse altos ideales, aunque lo hagamos con mucha convicción.

Todos corremos el riesgo de traicionar poco o mucho nuestros principios e ideales; de ahí la importancia de discernir sobre nuestras elecciones y, de ese modo, poder detectar aquellas decisiones que nos apartan de nuestros

neuroscience of reaching your full potential, Executive Joy LLC, Miami (FL), 2023, pp. 59-61.

2. *Ibidem*, p. 60: «It's an inside-out job».

grandes objetivos, pues no es lo mismo prestar un servicio auténtico que permita ganar dinero que querer por encima de todo ganar dinero prestando para ello un determinado servicio.

¡Cuántas veces nos proponemos algo que luego no hacemos! Hay quien se propone con mucha fuerza dejar de fumar o llevar un régimen de comidas, o dedicar diariamente un tiempo a aprender idiomas o a cualquier otra actividad, y después no lo cumple.

Todos tenemos la experiencia de la disgregación, de la incoherencia, de la quiebra interna. Esta es la experiencia de la debilidad humana. Una debilidad que no suprime la libertad, pero la confunde y deteriora.

La debilidad es compañera de la vida humana. Es la carcoma de la libertad interior que, como sucede en algunas maderas mal tratadas, acompaña a los muebles desde su origen. Nos quita fuerzas para hacer lo que debemos y, si dejamos que crezca, nos va destruyendo lentamente[3]. Por eso hemos de ser sinceros con nosotros mismos. Conocernos a nosotros mismos requiere encontrar como un fondo de referencias internas con las que nos identifiquemos y que nos den la solidez necesaria para no dejarnos arrollar por diferentes sentimientos que, en momentos determinados de nuestra vida, pueden actuar como caballos desbocados.

---

3. Juan Luis Lorda, *Moral. El arte de vivir*, Ediciones Palabra, Madrid, 1999, p. 73.

Consideremos tres frentes de seducción reales y siempre presentes que ponen a prueba nuestro modo de actuar.

En primer lugar, la influencia del aspecto económico de la vida. Vivimos en una sociedad materializada que, en muchos casos, nos hace pensar que lo más importante es conseguir medios económicos.

Además, estamos rodeados de un espectáculo hedonista que está a punto siempre de anestesiarnos con satisfacciones sensibles, con encantos superficiales que no duran ni nos llenan del todo. ¿Cuál es, entonces, la función del placer? Porque parece que, en el fondo, siempre hago lo que me gusta y me dejo llevar por las preferencias que me imponen las tendencias culturales de mi país y de mi época.

En tercer lugar, estamos sometidos a la capacidad de seducción del poder. En las sociedades avanzadas, los poderes políticos, económicos y mediáticos llegan a configurar de tal forma mi forma de vivir que tal vez mis decisiones sean más aparentes que reales. Otros deciden por mí.

Como bien apunta el filósofo Alejandro Llano,

> [...] al dejarnos seducir por alguno de estos frentes se puede adormecer la agudeza de percepción espiritual y la capacidad innovadora en el campo de lo que se opera creativa y libremente[4].

---

4. Alejandro Llano, *La vida lograda*, Ariel, Barcelona, 2002, p. 78.

La voluntad está debilitada, falta el señorío sobre sí mismo. En definitiva, nos falta la libertad interior. Por el contrario, está bien demostrado que existe una estrecha conexión entre la capacidad de autodominio y la capacidad de autoconocimiento: me conozco mejor cuando soy más libre y, para ejercer la libertad, necesito saber cómo soy.

Saber quién soy: reconocerme, tratarme y aceptarme. Solo así podré ser protagonista de mi vida. Sabré conducir mi vida. Sabré llevar las riendas en las diferentes situaciones que se presenten. Y es señal de madurez y armonía interior detectar las «luces rojas» que se encienden en nuestro interior, es decir, saber descubrir aquello que chirría en mí y que he de rectificar o ajustar.

No se trata de ser imperturbables y apáticos, con falta de *pathos*, de pasión. La persona capacitada para la *ataraxia* —es decir, con equilibrio emocional, armonía y moderación— no es indolente[5], pues puede estar conmovida, indignada, llena de santa ira, pero sabe afrontar sus imperfecciones y las de los demás con serenidad, con claridad, con autodominio. Es el centinela que está alerta. Sabe detectar dónde están los verdaderos enemigos, que muchas veces brotarán del fondo del propio corazón. Sabe percatarse de la parte emocional de los conflictos y manejarla mejor, haciendo frente con claridad y serenidad

5. Julián Marías, *Felicidad humana*, Alianza Editorial, Madrid, 1994, pp. 82-89.

al enfado, a la agresividad, a la tristeza... porque es dueño de sí. Aprenderá a asumir frustraciones, sacando incluso partido de los fracasos y desengaños. A esto, de manera coloquial, se lo suele llamar «tener cintura», ser flexible. Cuando estamos al lado de una persona que, sin perder la sensibilidad, mantiene esta actitud ante la vida, nos sentimos más fuertes.

La sinceridad de corazón, es decir, ser sincero consigo mismo tanto en la esfera afectiva como en la cognitiva y en la volitiva, nos ayuda a obrar con coherencia. El camino contrario nos conduce a terrenos peligrosos, enfangados de mentira e incoherencia, ¡porque nos adaptamos al «qué dirán»! Fue el filósofo alemán Martin Heidegger quien se refería a esos *Holzwege*, es decir, a los caminos que conducen a la perdición[6] que, en muchos casos, comienzan a andarse cuando se prefiere, por miedo al «qué dirán», callar y dejar a los otros en su ignorancia. Este modo de actuar produce retrasos, deficiencias y trastornos en el proceso de maduración de una persona. El líder que no corrige por no caer mal puede, con esta postura, hacer un gran daño.

Esta actitud es, casi siempre, la máscara con la que se oculta la comodidad de aquellos que solo van a lo suyo, a sus intereses egoístas. De este modo, se aíslan y se desentienden de toda responsabilidad ante sí mismos y ante los demás. Tratan de echar a otros la culpa de casi

6. Martin Heidegger, *Holzwege*, Klostermann, Fráncfort, 2003.

todo lo malo que les sucede, eludiendo esa responsabilidad que tienen sobre la mayoría de las cosas que les suceden en la vida. Son personas que no maduran, permanecen como esos higos verdes, pequeños y desagradables de comer.

Autogobierno

El buen líder sabe autogobernarse, y ¿qué quiere decir esto? Este concepto de autogobierno ha sido motivo de estudio por muchos expertos en neurobiología, especialmente por Joachim Bauer[7], y podemos afirmar que está en la raíz de la serenidad y de la coherencia, tan esenciales para un buen líder. Gracias al autogobierno somos capaces de alcanzar muchas cosas en la vida; sin él, casi nada. Un buen autogobierno también está íntimamente relacionado con la salud y el bienestar de una persona.

De acuerdo con los expertos en investigación cerebral, podemos distinguir en el cerebro dos sistemas fundamentales que a lo largo de su desarrollo han de intervenir, complementándose armónicamente. Por un lado, apreciamos el denominado sistema basal, que actúa de abajo arriba (*bottom-up*); vulgarmente se conoce como «sistema reptiliano» y nos hace desear instintivamente una chuche, un dulce, las imágenes de un videojuego, un estímulo mediá-

7. Joachim Bauer, *Selbststeuerung. Die Widerentdeckung des freien Willens*, Karl Blessing Verlag, Múnich, 2015.

tico o, con el paso del tiempo, cualquier otra cosa que queremos de modo imperativo en este preciso momento, y todo ello sin reflexionar sobre esos deseos espontáneos y preceptivos. Es la parte más primitiva de la mente, que se forma cuando nacemos y donde están instalados los instintos, las fantasías, las intuiciones, las experiencias, los traumas, los deseos y las emociones.

Por otro lado, está el sistema que actúa de arriba abajo (*top-down*), localizado en las redes neuronales del cerebro prefrontal o corteza prefrontal, y que significa una gran ayuda para gobernar adecuadamente los diferentes impulsos del sistema reptiliano; reflexiona sobre los impulsos y estímulos procedentes de la parte basal del cerebro. El proceso implicado en el desarrollo y la formación de la corteza prefrontal, que ocurre desde los dos primeros años cumplidos, lleva un nombre: educación. Ese arte que consiste en conducir al alumno a través del escollo de las ideas equivocadas que cada uno tiene sobre su propia persona, ayudándole a encontrarse realmente a sí mismo.

¿Qué ocurriría si dejásemos que nos dominen de modo exclusivo los estímulos procedentes del sistema basal? Fácilmente se podría llegar a una situación parecida, como acabamos de mencionar, a la de un caballo desbocado al que la habilidad del jinete difícilmente podría controlar. Pero no olvidemos que lo importante para nuestro autogobierno es cómo conseguimos integrar los impulsos procedentes del sistema reptiliano en la persona y actuar con sensatez. Si conseguimos gobernarlos convenientemente, decimos que tenemos señorío sobre esos impulsos.

Lo que acabamos de decir no significa que haya que reprimir todos los impulsos que procedan del sistema reptiliano, ni tampoco que haya que operar sobre ellos adiestrándolos o supeditándolos, como si fuéramos domadores en una jaula de animales. No se trata de reprimir nuestros instintos mediante un control ciego, sino de saber integrarlos positivamente en el contexto de la personalidad. Esos sentimientos que surgen del sistema basal son ciertamente de gran importancia para nuestra persona. La alegría de vivir y de saber disfrutar de las cosas buenas de la vida es esencial para nuestra salud. Por eso se entiende fácilmente que aquellas personas que saben autogobernarse, es decir, vivir en armonía consigo mismas, lleven una vida más lograda y, obviamente, no sufran tanto bajo los diferentes miedos y depresiones que con tanta frecuencia amenazan e invaden a aquellos que no han desarrollado dicha capacidad. La neurobiología nos dice claramente que gozamos más de la verdadera felicidad si alcanzamos un mayor autogobierno sobre nosotros mismos.

Pero ¿qué ocurre si nos dejamos llevar por nuestros caprichos? Es decir, por aquellos malos hábitos que me proporcionan placer inmediato a corto plazo sin tener en cuenta las consecuencias a largo plazo. Estas personas fácilmente pactan con la mediocridad por ser dominadas por lo que les va dictando únicamente su sistema basal, y de ese modo les falta la voluntad firme de no pactar con el mal. El sistema basal se ennoblece bajo el buen influjo de la cabeza y del corazón, y de ese modo va adquiriendo madurez en la vida[8]. Será una persona serena y equilibrada, en definitiva, un buen líder que también sabrá actuar con reciedumbre y audacia.

Somos perfectibles

Si queremos ser personas maduras, con criterio, y vivir en armonía con nosotros mismos no podemos tener miedo a la verdad. A la verdad sobre nosotros mismos, en primer lugar, y, después, a ser sinceros con los demás. Cuando se obra con rectitud, es decir, cuando la razón es «recta razón» y, por tanto, el elegir y el obrar son rectos, no cederemos a chantajes e iremos madurando paulatinamente.

El buen líder goza de lo que podríamos llamar un corazón abierto que quiere saber toda la verdad sobre sí mismo, aunque duela. Se trata de un corazón que sabe superar todas las embestidas y atropellos de su sistema basal. Es una persona que, como Tomás Moro, no se deja chantajear por los deseos mediocres del rey entonces reinante, Enrique VIII de Inglaterra. Sabe mantenerse fiel a lo que le dice su conciencia y que considera como el bien, aunque esto le cueste la vida.

---

8. Alfred Sonnenfeld, *op. cit.*, 2024, pp. 30-35.

El corazón puede descubrir un nuevo valor —como, por ejemplo, la generosidad— que le gustaría incorporar de un modo más irrefutable en su vida. Sin embargo, el sistema se puede oponer a esta decisión del corazón. Si el corazón es fuerte podrá superar esa resistencia del sistema basal, lo cual se percibe también en la razón. De este modo se pueden armonizar el corazón, la cabeza y el sistema basal y se consigue que las metas del sistema basal sean las mismas que las de la cabeza y las del corazón. Dicho de otro modo, que las tres instancias vayan en la misma dirección. El sistema basal disfrutaría entonces haciendo el bien que es dictado por el corazón.

En cada persona se desarrolla lo que se podría llamar un perfil de valores, que indica aquellos que para ella han sido más prioritarios que otros por vivir de acuerdo con ellos. Algo que depende, sobre todo, de la educación que haya recibido y de su biografía. Para algunas personas la puntualidad, la minuciosidad o la urbanidad representan los valores más altos, para otras son la generosidad, la misericordia o la tenacidad. De esto se deduce que, con frecuencia, ciertas personas carecen de valores importantes o que a ciertos valores apenas les conceden importancia.

Para ilustrar lo que acabamos de decir pensemos en aquellas personas que consienten en el fraude fiscal sin suponer que están haciendo algo malo. Son, así, ciegos para este tema, lo importante para ellos consiste en no ser pillados. Algo semejante ocurre con algunas personas que con frecuencia se dedican al coqueteo o al flirteo extramatrimonial y que para ellos no deja de ser una bagatela o nimiedad; o pensemos también en una persona muy ahorradora, pero que no es generosa. Vemos, por tanto, que fácilmente se pueden formar como unos *gaps* o agujeros en la red de estimaciones que hace que seamos ciegos para ciertos valores.

Finalmente, queremos recordar en este capítulo la dimensión del liderazgo que implica la capacidad de percibir las necesidades reales de las personas. Esto quiere decir que se preocupa del valor real de las acciones y no tan solo de su valor desde el punto de vista de la eficacia. Dicho de otro modo, el líder con excelencia no estará satisfecho en caso de que un trabajador de su equipo consiga los resultados que se le piden, pero haya trabajado por temor o porque espera un premio, o por cualquier otra razón que no sea el valor real de lo que se le pedía. En este nivel nos damos cuenta de la importancia de las intenciones de cada trabajador, que obviamente no se pueden imponer desde fuera.

Hemos visto cómo la debilidad humana nos puede llevar fácilmente a un desorden de la voluntad, que tiene como consecuencia el oscurecimiento y la debilitación de la razón y, sin duda, nunca sin culpa propia. Por otra parte, la razón también puede ser perturbada, en el ejercicio de su acto de conocimiento, por el desorden de los sentimientos o de las pasiones. Es importante descubrir esas posibilidades de oscurecimiento de la razón y hacernos cargo de ellas para así estar prevenidos y poder rectificar a tiempo. Solo de esta manera, después de un diagnóstico depurado sobre nosotros mismos, podremos tender de un modo más eficaz a nuestra perfección.

Todos nosotros somos perfectibles y, por eso, nos corresponde la tarea de perfeccionarnos, de acabarnos. Cada uno de nosotros llevamos dentro un potencial muy grande de mejora. Todos tenemos unos resortes excepcionales que salen a la luz del día, sobre todo, en situaciones adversas. Todo hombre al que se le mire directamente a los ojos, apreciándolo en su unicidad, irrepetibilidad, libertad y responsabilidad, se vuelve luminoso como el sol, capaz de liberar grandes energías humanas.

Como diría Séneca, una persona que no reflexiona es incapaz de ser artífice de su vida. El buen líder, al encontrarse con alguien, sabe preguntarse cuál es el diamante que se halla oculto en él. Todos esos diamantes que nos rodean componen una fantástica corona cuando uno sabe verlos. Y esta característica tan central y de tanta relevancia, se va formando de modo sublime en el *aristós*, es decir, en el líder con excelencia.

Recapitulación

Conocernos a nosotros mismos es una tarea difícil que nunca acaba, porque nosotros también evolucionamos. Para conseguirlo se necesita una gran dosis de fortaleza y sinceridad, pues las motivaciones reales no siempre están en consonancia con lo que nos gustaría y con lo que constituye un modo ético de comportarse.

A la debilidad humana se añaden el ambiente que rodea a cada persona, los medios de comunicación, el pensamiento dominante y un montón de circunstancias que amenazan nuestro modo de proceder adecuado.

Pero la verdad es más grande que nosotros, es más de lo que podemos percibir. La libertad es una condición con la que nacemos y la que nos permite desarrollarnos en los diversos campos de la sociedad. Pero siempre se la debe usar con responsabilidad, respetando a las demás personas. La libertad también significa el derecho que tenemos a ser escuchados y de opinar sin temor a ser reprendidos. Hemos de confiar en su perfectibilidad. Ser capaz de ver en el fondo de cada persona esos yacimientos de oro que podrán salir a la superficie si conseguimos detectarlos y trabajarlos.

Capítulo IV

Tercer descubrimiento: lo que importa para llevar una vida lograda

> El mayor obstáculo, cuando se trata de juzgar objetivamente lo que tenemos que hacer, reside en la falta de disposición para poner entre paréntesis nuestros propios intereses.
>
> Robert Spaemann

¡El bueno no es el tonto!

Antes de nada, hemos de recordar la aclaración central que hemos hecho sobre las cuestiones que se plantea la moral: ¿Qué debo hacer? ¿Qué modo de actuar es aquí y ahora el correcto? Estas son sin duda preguntas importantes de la ética y de la moral, pero son posteriores y están subordinadas a la pregunta primera y decisiva: ¿qué es el bien? Pues no se trata de cumplir el deber por el deber, sino porque veo en lo que hago un bien y no tan solo un deber. Es decir, veo el bien como algo bueno y que por tanto he de hacer, y, al hacerlo, me ennoblezco en la totalidad de mi ser.

¿Qué tipo de persona soy o en qué tipo de persona me convierto cuando hago esto o aquello, es decir, cuando me decido y lo elijo voluntariamente? ¿Qué quiero alcanzar, a qué apunta mi vida como un todo cuando hago u omito esta o aquella acción?

Adquirir lo bueno para mí presupone saber qué es ese bien. La pregunta acerca de qué es lo verdaderamente bueno para mí sigue siendo actual. Y es imposible que quiera el bien para los demás si no sé en qué consiste el bien para mí.

El logro de mi excelencia como persona no procede principalmente de acciones que se dirijan a modificar la realidad exterior, porque semejante producto permanece fuera de mí y no añade nada intrínseco a mi manera de ser. Las acciones que sí me añaden algo son de otro tipo: aquellas que llamamos inmanentes porque me perfeccionarán como persona y potenciarán mis capacidades características. El concepto «moralmente bueno» se refiere a acciones que elijo intencionadamente, pero no solo en el horizonte sectorial de su eficiencia, sino en la medida en que me hacen bueno, pues afectan a toda mi persona.

La «obra» que resulta del obrar es uno mismo. Somos lo que hacemos. Cada acto consciente que surge del centro de mi corazón, deja una huella más o menos profunda según la intensidad del acto y su repetición[1]. Si es una acción mala, esta puede convertirse, por repetición, en una mala costumbre, en un vicio. Cada cesión aumenta la debilidad y cada victoria la disminuye. Cada fracaso aumenta nuestra disgregación y nuestra incoherencia. Hasta tal punto que una historia de fracasos repetidos puede llegar a privarnos prácticamente de la libertad.

En algunos campos es muy patente, como sucede cuando se adquiere adicción a las drogas o al alcohol. En otros no es tan aparatoso, pero también es real, como en el del que se acostumbra a vivir como un vago.

Pero no olvidemos que un vicio no es tan solo otro modo de utilizar mi facultad de decisión. El vicio es una depravación del hombre y de su libertad. Elegir y obrar mal no es un modo diferente de autorrealización, sino más bien una autodestrucción, un apartamiento del bien propio del hombre en tanto que hombre. Una persona que tiene una voluntad mala o injusta no es una persona que ve las cosas de otra manera, sino una persona que, por alejarse de la razón, cada vez ve menos[2].

Desde la perspectiva propia de la moral, las acciones morales son actos inmanentes que —además de producir efectos sobre otros sujetos de la acción— siempre influyen y modifican también al agente mismo. Por tanto, nuestras

---

1. Alfred Sonnenfeld, *La sabiduría del corazón. El triunfo del amor*, *op. cit.*, pp. 17-24.

2. Martin Rhonheimer, *op. cit.*, p. 173.

acciones intencionales nos convierten, según cómo ellas sean, en buenas o malas personas; y esto significa que, conforme a estas acciones intencionadas, seremos felices o no.

Acciones transeúntes son aquellas cuya finalidad queda fuera de la acción. Por ejemplo, la acción de lavar los platos termina cuando toda la vajilla está secándose en el escurridor y ya no queda ningún plato por lavar. La acción ha terminado y sus resultados quedan fuera de la acción.

En cambio, las acciones inmanentes contienen su propia finalidad y no concluyen cuando su fin se alcanza. Son acciones inmanentes todas las relacionadas con el aprendizaje y la adquisición de destrezas. Por ejemplo, un buen jugador de tenis puede entrenar su revés hasta obtener un dominio perfecto, pero la acción no se detiene, aunque haya alcanzado su objetivo. Este tenista puede seguir mejorando todavía más, en el mismo punto y en otros aspectos: el saque, el golpe *liftado,* los golpes *longline*, los efectos con el revés, etc.

El virtuoso se desarrolla, mejora, en las acciones inmanentes y no tanto con las transeúntes. Dicho de otro modo, el valor ético de una acción no depende de sus consecuencias externas, sino de las que cause en el interior del propio sujeto que la realiza.

En el actuar humano no se trata sencillamente de hacer «buenas obras», sino de ser bueno uno mismo. Nos hacemos «buenos» o «malos» a través de nuestros actos de voluntad —en último término a través de lo que elegimos y hacemos voluntariamente—. Esta es la diferencia entre el actuar moral y la producción, entre la virtud moral y la técnica o el arte. El actuar moral es inmanente, no transeúnte, como lo es el actuar productivo, técnico o artístico, que consigue que el rendimiento de un banco sea mayor, que se construyan buenas viviendas, etc. En la vida de una persona —para que sea una vida lograda— lo que cuenta en último término no son esas producciones. De lo que se trata es de que la persona misma sea buena. Y la persona es buena cuando su intención es buena y tiene voluntad suficiente para poner en práctica esa intención.

Lo correcto no siempre coincide con lo ético

Cuántas veces tenemos la experiencia de que las cosas no salen bien o de que, con el paso del tiempo, a medio o largo plazo, algo nos decepciona y no llegamos a comprender cómo pudo cautivarnos tanto. Si las cosas nos salen mal, malo; si nos salen bien, muchas veces nos defraudan y nos dejan insatisfechos.

Por ello, lo decisivo no es solo qué hacemos, sino cómo lo hacemos. Actuar tan solo en virtud de cálculos de bienes no hace a la persona buena ni sacia su voluntad y, por tanto, no la hace feliz.

Además, los cálculos de bienes, que según el utilitarismo hay que ponderar para conseguir el «mejor mundo posible», tan solo sirven para determinar lo correcto, pero no para actuar «bien» (con una actitud interior buena). El buen líder no es solo el que sigue una serie de preceptos, prescripciones y cálculos utilitaristas, sino, sobre todo, el que, tomando decisiones en primera persona, actúa responsablemente bien. De nada le serviría al hombre hacer mejor al mundo entero si él mismo no se hiciese una buena persona.

La perspectiva de la ética aristotélica es la de la «primera persona», la del sujeto que actúa desde dentro del hombre, involucrándose en cada una de sus acciones. Por el contrario, toda la tradición de la ética de la modernidad, sobre todo sus principales formas, la ética kantiana del deber y del utilitarismo, es una ética de la «tercera persona» que contempla desde fuera al hombre que actúa; esto quiere decir que, por más que una persona aborreciese matar, si actúa de acuerdo a criterios utilitaristas estaría obligada a hacerlo, siempre y cuando de esa manera pudiese salvar la vida de otras diez personas y, de este modo, contribuir a la optimización del mundo[3].

Pero tampoco la ética del deber kantiana se diferencia mucho del utilitarismo, pues Kant escribe:

> Es, empero, prácticamente *bueno* lo que determina la voluntad por medio de representaciones de la razón y, consiguientemente, no por causas subjetivas, sino objetivas, esto es, por fundamentos que son válidos para todo ser racional como tal[4].

---

3. *Ibidem*, p. 50.
4. Immanuel Kant, *op. cit.*, pp. 46-47. Véase también Ernst Cassirer,

El punto de partida de la ética kantiana consiste precisamente en reemplazar al sujeto «interesado» de la acción por el imperativo categórico «desinteresado» de la razón. Es decir, la voluntad, según Kant, no se somete a ninguna otra norma más que a aquella que la razón haya considerado como de validez universal. De aquí se desprende que el deber (*die Pflicht*) es el imperativo de la razón que logra imponerse incluso sobre todas aquellas inclinaciones afectivas al bien, pero que nos apartarían del sometimiento a la ley universal.

Tanto en Kant como en el utilitarismo se trata, en definitiva, de una ética de la «tercera persona», de la objetividad, del cálculo de utilidades, de la ponderación única de consecuencias. Como ya habíamos visto, esta ética contempla desde fuera al hombre que actúa, viendo en él un desinteresado productor de situaciones óptimas, independientemente de si esa persona vive en primera persona la justicia o no.

La banalidad del mal

Lo que acabamos de decir se puede entender quizás mejor al considerar una serie de reflexiones de la filósofa y gran comunicadora Hannah Arendt en su libro *Eichmann en Jerusalén*. Allí describe cómo agentes israelís secuestraron a

---

Kant, vida y doctrina, Fondo de Cultura Económica, México, 1968, pp. 81-317.

Adolf Eichmann en mayo de 1960, en Argentina. A raíz de este hecho, Israel y Argentina entraron en conflicto. Eichmann, teniente coronel en tiempos del nacionalsocialismo en Alemania y responsable directo de la solución final y de la deportación a los campos de concentración durante la Segunda Guerra Mundial, fue conducido al Estado de Israel para ser juzgado. Después de un largo proceso judicial, fue condenado a muerte el 1 de junio de 1962.

Para Arendt, la oportunidad de ir a Jerusalén y ver a Eichmann en carne y hueso, resultó ser, más que el cumplimiento de una obligación, una *sanación posterior*, como diría años después. Al igual que muchos otros, la filósofa esperaba vislumbrar en este hombre a un verdadero monstruo, pero su reacción al verlo fue muy distinta. A medida que avanzaba el juicio, estaba cada vez más asombrada. Descubrió que no era ese monstruo esperado, ni siquiera una persona siniestra o inhumana, tan solo era un *Hanswurst*[5], un «don nadie», es decir, una persona insignificante o de poca categoría. Arendt necesitó bastante tiempo de *sanación posterior* para superar su espanto, conmoción y sobrecogimiento ante estos sucesos tan chocantes.

¿Cómo era posible que ese genocida se mostrase tan insensible ante los crímenes, las torturas, el sufrimiento y el padecimiento de millones de seres humanos? ¿Era un

5. Hannah Arendt, *Eichmann in Jerusalem. Ein Bericht von der Banalität des Bösen*, Piper Verlag, Múnich, 2009, p. 132: «Todos podíamos testificar que ese señor no era un monstruo, sino más bien un don nadie».

enfermo mental, un psicópata? ¿O simplemente los miembros de la población judía se habían convertido para él, y muchos otros nazis, en «un número más de una estadística» que había que exterminar a toda costa?

El «hombre de la cabina de cristal», habitáculo en el que estuvo encerrado durante el juicio en Jerusalén, observaba y oía las narraciones de los supervivientes de los campos de exterminio, los testimonios de sus familiares, con la mirada perdida, extraviada. Era como si aquellos espeluznantes relatos se refiriesen a un asesino ajeno, desconocido por completo para él. Se mantenía sereno e indiferente, hasta con un aire de aburrimiento. Se limitaba a repetir una y otra vez la frase: «Soy soldado, no hice sino cumplir órdenes. No soy culpable de lo que me imputan».

Arendt se iba formando el juicio de que Eichmann era incapaz de pensar. Pero ¿qué llevó a este individuo a dejar de pensar[6]? La respuesta de Arendt la encontramos en las cartas que intercambió con el filósofo alemán Karl Jaspers, en las que expresaba con frecuencia la tremenda posibilidad de que el mal fuera un «fenómeno superficial», consideración que la llevó a subtitular su libro con la frase «la banalidad del mal» o, más exactamente, «un relato sobre la banalidad del mal».

Durante el tiempo del juicio en Jerusalén, Hannah Arendt estaba demasiado impactada para poder trazar un cuadro

---

6. Elisabeth Young-Bruehl, *Hannah Arendt. Una biografía*, Paidós Ibérica, Barcelona, 2006, p. 416.

coherente de sus impresiones sobre el acusado. A medida que el juicio se alargaba se fue deprimiendo y descorazonando, al comprobar que «todo este asunto era indescriptiblemente normal (*stinknormal*), sin valor»[7], y además sufría mucho por los ataques que recibía con motivo de los artículos que publicaba en *The New Yorker*. A raíz de estos artículos la acusaron de ser una persona sin sentimientos, o carente de aquello que el gran filólogo e historiador israelí, Gershom Scholem, llamó «empatía» (*Herzenstakt*). Sus críticos pensaban que Arendt no estaba emocionalmente involucrada en el destino del pueblo judío, al que pertenecía. Pasaron a considerarla antisionista, contraria al Estado de Israel, una judía que despreciaba su condición, una purista jurídica y una moralista kantiana. Ataques de este cariz la acompañaron en sus reflexiones sobre los precedentes jurídicos del juicio y diversas cuestiones de derecho internacional[8].

Y es que las brillantes reflexiones de Hannah Arendt no dejaban de ser un desafío para los tiempos de la posguerra. La filósofa mostró lo más peculiar de Eichmann: su mentalidad burocrática, que le hizo afirmar, con jactanciosa pretensión, que «el lenguaje administrativo es mi único lenguaje». A partir de este hecho, Arendt le juzgó incapaz de distinguir el bien del mal, por actuar tan solo a causa de la «obediencia burocrática cadavérica»[9]. Daba de este

---

7. *Ibidem*, p. 417.
8. *Ibidem*, p. 424.
9. Hannah Arendt, *op. cit.*, 2009, p. 25.

modo a entender que este «asesino burocrático» no incurría en el mal de modo monstruoso, sino que sencillamente era alguien incapaz de distinguir el bien del mal.

La afirmación de Eichmann de que él «no se consideraba un hombre con intenciones perversas, sino alguien que había cumplido su deber a conciencia», se convirtió en un reto enorme para Arendt, quien se dio cuenta de que los jueces no quisieron afrontar lo que encerraban estas palabras, al negarse a aceptar que una persona normal, ni mentalmente débil, ni indoctrinada ni cínica, pudiera ser incapaz de distinguir el bien del mal. Prefirieron deducir, de las mentiras ocasionales de Eichmann, que era un embustero, para evitar de este modo el desafío moral y jurídico más apabullante del caso.

En su libro *Orígenes del totalitarismo*, publicado por primera vez en inglés en 1951, Arendt escribía:

> [...] los gobiernos totalitarios habían suprimido la expresión individualista de la persona moral por el procedimiento de convertir en algo completamente ambiguo y cuestionable las decisiones mismas de la conciencia[10].

---

10. Hannah Arendt, *The Origins of Totalitarianism*, Harcourt, Brace & Company, Nueva York, 1951, p. 452. «Sabemos por muchos informes hasta qué punto los internados en los campos de concentración estuvieron involucrados en los crímenes de la SS, que les dio —a los criminales, a los prisioneros políticos, a los judíos en los guetos y en los campos de exterminio— una autoridad administrativa considerable, poniéndoles así ante el insoluble dilema de enviar a la muerte a sus amigos o bien

Estaba claro que el sistema totalitario del nazismo alemán había producido un deterioro y derrumbamiento moral de gran envergadura, que afectó a toda la sociedad europea, no solo a Alemania, y no únicamente a los perseguidores, sino también a las víctimas. Hannah Arendt calificó con el término *trivial* a los grupos, al aparato entero de la destrucción totalitaria e incluso a los asesinatos en masa, considerando que «cuando los motivos se hacen triviales, el mal es banal»[11].

No dudaba de que los hombres pueden actuar inducidos por bajos motivos, pero distinguía entre lo que, por un lado, llamaba la «maldad calculada», que actúa por motivos perversos, y el «mal banal», que carece de razones. Los motivos del hombre malvado, aunque son bajos, no son incomprensibles, como indica el adjetivo *calculado*. Pero cuando Arendt le decía a Gershom Scholem que el «mal nunca es radical», no estaba negando la existencia de la maldad, sencillamente daba a entender que ni siquiera la maldad es radical, pues está enraizada en un defecto incomprensible y original. El mal es, en términos filosóficos, la privación del bien, y en términos teológicos no podemos olvidar que Lucifer es un ángel caído, no un ser creado malo.

En las conferencias en las que abordó el tema del mal —posteriormente tituladas *Sobre el mal*[12]—, Hannah Arendt

asesinar a gente que no conocían... La elección no era entre el bien y el mal, sino entre un asesinato u otro asesinato».

11. Elisabeth Young-Bruehl, *op. cit.*, p. 461.

12. Hannah Arendt, *Über das Böse. Eine Vorlesung zu Fragen der Ethik*, Piper Verlag, Múnich, 2009.

quería dar contestación a la pregunta que permanentemente la asediaba: ¿cómo es posible que haya ocurrido todo eso? Con el nazismo se había descoyuntado la moral y mucha gente se guiaba tan solo por costumbres, manías y convenciones, pero no solo los criminales, sino también, en gran parte, la gente normal. Arendt argumentaba que nadie quiere ser malo y que si alguien hubiese actuado con maldad habría caído en el «absurdo moral» de estar en contradicción consigo mismo y, por tanto, debería detestarse. Sin embargo, es obvio que este aborrecimiento de sí mismo no es suficiente, por sí solo, para garantizar la legislación de un pueblo. ¿Y por qué no es suficiente? Porque el ser humano se puede engañar a sí mismo y en esto consiste precisamente el punto verdaderamente débil de la naturaleza humana.

Así lo vio también Dostoievski. En *Los hermanos Karamázov*, el mayor de ellos, Dimitri, pregunta al monje sabio: «¿Qué tengo que hacer para ser redimido?». El monje contesta: «Antes que nada, no te engañes a ti mismo». Dostoievski reconoce la extrema y más completa forma del mal en la disolución de la personalidad a través del autoengaño, porque su acción es fundamentalmente disolvente y disgregadora. Una personalidad en la cual se insinúe y prevalezca la presencia del mal tiende a disolverse.

Para poder describir el mal también hay que saber cómo evitarlo y para ello Arendt considera la moral de Kant como del todo insuficiente, por no separar nítidamente la legalidad de la moralidad. Eichmann se habría comportado de acuerdo con el «imperativo categórico adaptado al uso doméstico de gente sencilla». En esa aplicación «de modo doméstico» la propia voluntad no se diferencia de la ley, por el contrario, se identifica con ella[13]. De este modo, Arendt llega a la conclusión de que la filosofía de Kant no solo no es una ayuda para entender a los asesinos nazis, sino más bien una excusa para esconderse detrás de la legalidad y negar sus propias acciones. Así es muy fácil desentenderse automáticamente de la responsabilidad personal, tal como ocurre actualmente con tanta frecuencia, lo que el gran director de cine Terrence Malick, ha plasmado de modo magistral en su película de 2019 *Vida oculta* (*A hidden life*)[14].

Puesto que Kant no resulta ser una ayuda, la filósofa recurre a las reflexiones de Sócrates, citando, sobre todo, sus palabras recogidas en el diálogo *Gorgias o de la retórica*, donde Sócrates dice: «Se ha repetido la frase, pero la diré otra vez sin detrimento. Que quien comete injusticia es peor que quien la padece». Arendt comenta esta frase del siguiente modo:

---

13. Hannah Arendt, *Eichmann in Jerusalem*, *op. cit.*, p. 23.

14. La película *Vida oculta* está basada en la historia real de Franz Jägerstätter, interpretado por August Diehl, que era un simple agricultor austríaco que pagó con su ejecución por mantenerse fiel a su conciencia, que no le permitía jurar lealtad a Adolf Hitler. El amor incondicional de su mujer, Fani Jägerstätter, y su fe, se convertirán en sus principales aliados para afrontar las graves consecuencias que provocan su decisión inquebrantable, sin dejarse llevar por la corriente mayoritaria.

> Si cometo injusticia estoy condenada a vivir en una intimidad inaguantable con un cometedor de injusticias, y no podré separarme ya jamás de él[15].

Para entender con más precisión esta afirmación de Hannah Arendt, hemos de tener en cuenta que cuando el mal se presenta en el hombre su personalidad se divide, disocia, aliena y duplica. Recurrimos de nuevo a Dostoievski, quien con gran psicología nos lo describe en *El doble*, novela de juventud que fue un fracaso cuando salió a la luz, aunque posteriormente resultó muy valorada. Aquí el protagonista, Yákov Goliadkin, no se reconoce en el propio doble, depravado y deshonesto, y, en consecuencia, trata de verlo como un simple fantasma, como algo que en realidad no existe. Juzga que el verdadero «sí mismo» es su lado recto y honesto, mientras el doble, roñoso y mezquino, es irreal y fantástico. Sin embargo, esta tentativa de reconocer solo lo mejor en sí no da resultado, ya que el *alter ego* acompaña al *ego*, de modo que la convivencia entre ambos es inaguantable porque existe entre ellos una verdadera y constitutiva separación.

Por muy vigorosa y robusta que parezca una persona, si su fuerza se emplea en acciones inmoderadas y dispensadoras se precipita en la impotencia, porque la desproporción entre la disponibilidad real de las fuerzas y el empleo desmesurado de ellas vuelve a la persona incapaz de una

---

15. Hannah Arendt, *Über das Böse...*, *op. cit.*, pp. 185-186.

genuina elección. Además, esta persona termina degenerando y cada vez más le falta la capacidad real de distinción entre el bien y el mal, lo cual conduce a la indiferencia y a la destrucción, a la inactividad y a la disgregación, a la desocupación y a la extinción.

Siguiendo a Arendt en sus reflexiones acerca de la frase de Sócrates en el *Gorgias*, vemos que coincide con el filósofo ateniense en pensar que el que comete injustica vive en contradicción consigo mismo y, por tal motivo, todos deberíamos evitar a toda costa hacer el mal.

Coherencia e hipocresía

El actuar en «tercera persona» parece bueno, pero no genera bondad ni en el sujeto ni fuera del sujeto. Nos encontramos ante uno de los grandes peligros del hombre que cree estar haciendo el bien y, sin embargo, genera a su alrededor desórdenes: el primero es el de la hipocresía.

En este contexto, la hipocresía no significa tan solo llevar una doble vida. Es intuir, aunque de manera confusa, que, en vez de producir el bien, nuestras obras no nos hacen mejores interiormente y, por tanto, tampoco mejoran la vida de los demás en su totalidad. Este modo de obrar no genera excelencia dentro de nosotros ni tampoco contagia excelencia en los demás, es decir, fuera de nosotros, ni nos hace felices a nosotros ni al resto. Este tipo de comportamiento sería un actuar teatral, un baile de disfraces. Equivaldría a realizar obras de amor sin amar. Esto nos hace ver que uno puede realizar mil actos perfectos y acabados sin que le aprovechen ni le conviertan en un hombre mejor.

Los hábitos adquiridos de esta manera, en vez de ser propios de lo perfecto, se parecen más a lo propio de los defectos. Estas pseudovirtudes son falsas, transforman al virtuoso en falsario y crean una sospecha de falsedad ante cualquier referencia a la virtud. Lo peor es que uno se puede creer bueno y, por tanto, hacerse incorregible, porque no hay motivo para que nadie le corrija vicios que para él son virtudes. Cada vez que alguien le diga la verdad se sentirá injuriado e incluso difamado. La hipocresía aquí reside en que no hacemos nada por cambiar esta situación, sino que la toleramos, transigimos e incluso convivimos con ella.

Esta hipocresía semiinconsciente, que solo en determinados momentos advertimos en nosotros y en la que, por rutina, nos podemos sumergir, desemboca en el estancamiento. La tradición espiritual denomina este estado anímico con el nombre de acedia, tibieza o pereza espiritual. Esta parálisis interior adquiere diversas formas según la persona y su estado: desilusión profesional y matrimonial, vivencia apática y desganada de la propia misión. También está emparentada con lo que los griegos denominaban *akrasia*, es decir, falta de dominio de las propias emociones y sentimientos. Una voluntad debilitada por la abundancia y el descontrol de los placeres somáticos, o por la intensidad de los dolores, se muestra incapaz de dirigir la propia vida porque ya no tiene la energía suficiente para fijar la atención en otro tipo de motivaciones más profundas, pero menos llamativas. Le acompañan sentimientos de culpabilidad, de haber fracasado en la vida, de desaliento, de resignación. Para huir de esta frustración existencial, el ser humano puede ceder fácilmente ante la tentación de la desesperanza o al endurecimiento de corazón, que debilitan cada vez más nuestras fuerzas espirituales.

El hipócrita vive bajo la espada de Damocles de un estado de continua contradicción: ve con claridad el bien que deja de hacer al otro, o incluso el mal que le causa, pero no hace nada por remediar la causa originaria de este mal y, por lo tanto, el daño continúa.

La razón de no querer cambiar reside en que ser sincero con el otro y manifestarle que mi obrar le está perjudicando implicaría reconocer ante mí mismo, públicamente, que mis esfuerzos por hacer el bien no son buenos, sino que están viciados desde la raíz.

La estación final de esta hipocresía es el escándalo. El otro está acostumbrado a oír del líder que la virtud es buena, o incluso lo mejor. Pero al comprobar en el líder lo que es la virtud no encuentra una fuente de bienes, sino de males. Esto lleva a la decepción e indignación en el otro. Deja de creer en el carácter benéfico de la virtud e incluso puede arrepentirse de haber creído en ella. El responsable de este escándalo que aleja a los demás de la verdadera virtud es el falso, el pseudolíder, que por hipocresía no reconoce sus incoherencias.

Sin embargo, tanto los hipócritas como los escandalizados lo son porque autojustifican sus defectos a costa de juzgar los defectos del otro: nos encontramos ante el fariseísmo del que cree en su bondad intrínseca a costa de juzgar la maldad intrínseca de su prójimo. El fariseo cree en su inocencia a costa de demonizar a su prójimo. Cuando una persona se acostumbra a criticar los defectos de quienes aparentan ser buenos y no lo son corre el peligro de pensar que con esa crítica ya contribuye suficientemente a mejorar las cosas, y puede descuidar el examen de sus propios defectos. Además, criticar la hipocresía es una tarea muy arriesgada, ya que difícilmente pueden conocerse las intenciones de los demás.

Por último, puede producirse una suerte de metonimia moral, de modo que la maldad que se percibe en la simulación del bien lleve a mirar torcidamente el bien mismo, y a dejar de buscar en la propia conducta lo que resulta molesto en la de los demás.

Autoridad, coherencia e hipocresía

No hay autoridad si existe hipocresía. Y la hipocresía implica renunciar a vivir en primera persona la aventura moral. Por tanto, negar la consecuencia implicará ciertamente la desaparición de su causa: comprometerse a vivir en primera persona la aventura de la felicidad —yo, yo y solo yo soy responsable de cómo quiero que sea mi vida: la perspectiva creativa del protagonista autor de su propio drama— implica renunciar a la hipocresía, al escándalo hipócrita y al fariseísmo entre hipócritas —él me hizo..., él hace..., él, él, él: la moral de tercera persona o el punto de vista del juez.

Sin embargo, como ya dijimos, la ética surge de una reflexión sobre el hombre que actúa. Esto es lo que nos interesa: comprendernos a nosotros mismos como seres que actúan en primera persona. Esto, desde el punto de vista de la ética, significa aprender a actuar bien. La cuestión decisiva consiste en aclarar bajo qué condiciones actúo, de modo que haga lo verdaderamente bueno, no lo aparentemente bueno.

Exactamente esto es lo que ocurre en el hombre virtuoso que, a diferencia del hipócrita, reconoce que se equivoca y aprende de sus errores. El virtuoso sabe que tiene que ser perdonado por los otros, ya que su modo de vivir supone tener que ser perdonado de sus imperfecciones varias veces al día, y que necesita ser corregido para mejorar, pero ciertamente no para ser infalible.

Aristóteles afirma en su *Ética a Nicómaco* que «el bueno juzga bien de todas las cosas y en todas ellas se le muestra la verdad».

Recapitulación

El efecto más importante de nuestros actos no es el que se manifiesta al exterior, sino el que nos configura como personas. En la medida en que nuestros actos sean éticamente buenos contribuyen a que seamos mejores personas y viceversa, porque lo que verdaderamente determina el valor ético de una acción no son los resultados ni los productos ni las consecuencias observables de esa acción, sino la cualidad de la acción misma, si es justa o no es justa, si es honrada o no es honrada.

Lo peor de la persona que miente no es el efecto de su falsedad, sino que la mentira la convierte en mentirosa. En la medida en que se siguen repitiendo acciones éticamente positivas o negativas, la persona se dignifica o se corrompe.

La hipocresía surge cuando con los labios se afirma algo que las obras niegan. Una persona hipócrita nunca será líder, aunque sí pueda ser una persona con poder.

Capítulo V

Cuarto descubrimiento: gestionar nuestras imperfecciones

> Usted no puede esperar construir un mundo mejor sin mejorar a las personas. Cada uno de nosotros debe trabajar para su propia mejora.
>
> Marie Curie

Adquirir virtudes o hábitos buenos

¿Cómo puedo llegar a ser un buen líder? ¿Cómo puedo llegar a influir sobre las personas en pos del bien común?

Tener influencia positiva sobre los demás requiere adquirir una serie de virtudes que permiten ejercer el liderazgo sin tapujos ni engaños. ¿Qué queremos decir con esto? La contestación no puede ser otra: el verdadero líder ha de ser una persona virtuosa. No se trata, por tanto, en primer lugar, de que las consecuencias de su actuar sean estratégicamente correctas, sino de que viva lo que está diciendo y aconsejando.

En su sentido más general, con la palabra *virtud* se designa la perfección de una facultad operativa. Es decir, de una capacidad de actuar que está en condiciones de llegar a su plenitud humana, que es ética y no solo técnica y biológica. Esto significa que no se alcanza espontáneamente, como dejando que las cosas sigan el curso al que parecen inclinadas, sino conduciendo y guiando nuestra conducta con la razón en cuanto que la razón introduce un orden en los actos voluntarios a fin de que la persona llegue a ser una buena persona.

Las virtudes perfeccionan al ser humano en su totalidad y no solamente bajo un aspecto sectorial. La ética no solo considera al empresario, al médico, al abogado desde el punto de vista de las habilidades específicas de su profesión. Eso equivaldría a tener una visión reductiva del ser humano. A la ética también le interesa si es una buena persona en su totalidad, es decir, que también incluye ser fiel con su pareja, ser un buen padre o una buena madre, un buen compañero de trabajo en el que se puede confiar. La ética considera todos los aspectos de una vida humana para que, de este modo, llegue a ser una vida lograda, para que el buen economista llegue a ser un economista bueno. Las virtudes, según Aristóteles, hacen que el hombre se convierta en sabio.

Para ser una buena persona hay que elegir bien. Nuestras deliberaciones deben proceder de un deseo recto, y para eso el ser humano necesita desarrollar las distintas virtudes, que son las que en última instancia rectifican el deseo. Sin tal rectificación, nuestras reflexiones y elecciones no pueden ser rectas. «La virtud —dice Aristóteles—, es lo que perfecciona al agente y hace perfecta su obra»[1].

Hablar de virtud, y de que esta proceda de un orden que introduce la razón, supone comprender que, sin este ejercicio moral, el ser humano no está de forma espontánea inclinado al bien, o que, estándolo, necesita una ayuda adicional a esa fuerza con que el instinto le inclina hacia lo que aparece como bueno. Lo natural, desde este punto de vista, no es, por tanto, aquello que espontáneamente atrae a sus instintos, sino aquello que la razón humana comprende como bien para su persona o para el bien común. La razón permite una visión de conjunto que los instintos de por sí no tienen. Lo espontáneo no es lo natural.

Lo espontáneo no es lo natural

Ante la comida, una persona se sentirá espontáneamente inclinada a comer hasta saciarse; y solo la razón podrá advertir, previamente al hartarse, que ya ha comido suficiente. El instinto hace que ella se sienta atraída, ordinariamente, hacia cualquier otra de distinto sexo, y no será ella, sino la razón, quien aporte las consideraciones que

1. Aristóteles, *Ética a Nicómaco*, II, 6, 1106 a.15.

encauzan —también mediante prohibiciones, como en el caso del que no debe comer algo determinado— las relaciones afectivas y sexuales, para que no dañen, sino que favorezcan los compromisos vitales que uno mismo y los demás han asumido.

El encauzamiento o integración de los instintos no es falta de libertad, sino ordenamiento de los actos del ser humano hacia un fin que, más allá, o incluso en contra de aquel hacia el que instintivamente nos vemos inclinados, es coherente con la conducta humana. Y esto no se refiere solo a los instintos que compartimos con otros animales, sino también a los que parecen más espirituales. El afán de saber ha de ser ordenado racionalmente, pues tampoco lleva en sí una limitación. Cualquiera puede comprender que no se puede pasar la vida leyendo, y que no todo conocimiento tiene utilidad, pero es más difícil saber si aquí y ahora tengo que estudiar o no, y si me conviene leer el primer libro que tenga a mano o más bien otro diferente.

La palabra griega *areté* y la latina *virtus* designan la excelencia del ser humano como tal. La persona virtuosa no es la que lleva una vida irreprochable porque no haya hecho nada malo, sino aquella que siempre hace uso de sus capacidades humanas para el bien, la que hace el bien de modo soberano, constante y alegre, que es competente e ingeniosa, que sabe lo que se trae entre manos y es capaz de valorar rápida y correctamente cualquier situación. Resumiendo, quien lleva —como diría Aristóteles— una vida buena (*eupraxia*).

La vida buena o lograda es una vida ordenada conforme a las exigencias de la recta razón y, precisamente por eso, es una vida que debe ser considerada como feliz, independientemente de si está colmada de éxitos o no.

Con esto no estamos afirmando que el ser humano sea una esencia puramente espiritual. Por su naturaleza, no solamente tiene un cuerpo, sino que *es* cuerpo. Por tal motivo las inclinaciones naturales son buenas, pero pueden sustraerse de la integración práctico-cognitiva y operativa de la virtud moral, haciéndose «infrahumanas». Esto es lo que le reprocha el diablo Mefistófeles a Fausto, burlándose de él e indicando con ello la infrahumanidad a la que puede llegar el hombre cuando hace mal uso de la razón por no ser recta. «La llamáis razón, pero la usáis tan solo para ser más animales que los animales», dice Goethe en boca de su personaje.

Es, en consecuencia, el bien conocido con el intelecto el que puede poner en movimiento la voluntad; y, mediante la fuerza de la voluntad, con arreglo al orden de la razón, las inclinaciones naturales son conducidas a la perfección. Cuando la inclinación natural no está regulada por la razón puede producir, en su espontaneidad de carácter natural, consecuencias inhumanas. Esto se muestra también en la voluntad humana cuando no está orientada al bien del otro por la virtud de la justicia, es decir, cuando la voluntad aspira de modo principal y natural solo al bien en cuanto bien propio, o incluso experimenta el bien del otro como un mal (envidia, celos).

En casos extremos, el ser humano puede encontrarse ante una dolorosa alternativa: morir o realizar algo vergonzoso. Hay bienes por los que merece la pena dar la vida, pues la vida éticamente cumplida, la vida no malograda por lo innoble, es preferible a la mera vida. Sin esta consideración previa, la ética se vaciaría de contenido.

Para los griegos de la época clásica, lo bello equivalía a lo que nosotros llamamos «moralmente bueno» y no les cabía la menor duda de que, para respetar la libertad y la dignidad de toda persona, era absolutamente necesario asumir que hay ciertas cosas que no se pueden hacer de ningún modo. Es decir, que hay ciertas prohibiciones absolutas que han de ser respetadas en todo momento.

Una empresa que permitiera el comportamiento útil basado en el fingimiento y el engaño, en aras de ser momentáneamente más rentable, habría consumido el recurso más valioso que existe, la calidad de las personas, a cambio de dar a esas personas satisfacciones momentáneas. El líder ha de saber ayudar a comprender que no es lo mismo ser valioso que ser útil, que no es lo mismo el bien honesto y el bien útil. Al fin y al cabo, no es tan difícil engañar por un cierto tiempo a unas personas a base de darles simplemente aquello que piden en vez de aquello que verdaderamente les conviene.

El amor es incondicional

Lo que hace bueno a un hombre o a una mujer tiene un nombre en la tradición cristiana: amor. En la Grecia clásica se utilizaba la palabra *ágape*, que significa amar sin condición y que se considera la forma más alta de amor. El auténtico amor es siempre entrega a una persona. Es el obsequio más profundo y valioso que se le puede hacer. Se trata del don por excelencia, entre cuyas características se encuentra la gratuidad, que no exige pago ni réplica. Surge del corazón, lo cual equivale a decir que surge de la entera persona y la compromete de modo global, porque no persigue una meta parcial, no cosifica, sino que quiere el bien de la persona en su totalidad, tanto suyo como de la persona amada.

Así como el sistema basal o reptiliano produce placer o dolor, y la cabeza pregunta acerca de aquello que es razonable y útil, ahora añadimos que el corazón pregunta por el bien o el mal que pueden producir mis acciones y, sobre todo, si esas acciones me hacen ser una buena o una mala persona. Del fondo del corazón provienen nuestras buenas o malas acciones. Somos lo que hacemos, lo cual equivale a decir que en nuestro actuar se puede des-cubrir quiénes somos. Aquí nos hallamos ante la fuente o manantial de nuestras decisiones, donde se reconocen nuestros valores y nuestra conciencia. Dependiendo de lo que seamos, así actuaremos. En realidad, lo que verdaderamente existe y subsiste son mujeres u hombres buenos, y no acciones buenas. Las acciones buenas o malas se desprenden de la bondad o vileza de una persona.

Cuando una persona se comporta como Maximiliano Kolbe, quien, acudiendo a su corazón a la hora de tomar la decisión más trascendental de su vida, se ofrece libremente en el campo de exterminio de Auschwitz a intercambiarse por un padre de familia y morir en su lugar, su acción, más que buena o mala, moral o inmoral, se convierte en la máxima expresión de la dignidad humana. A quienes no reconozcan la diferencia entre el acto del padre Kolbe o los cometidos por sus verdugos, por un traidor o un especulador de bolsa, solo se le puede responder con una frase del filósofo griego Aristóteles: «La gente que dice que se puede matar a la propia madre no merece argumentos, sino azotes»[2].

Otro loable modo de actuar, similar al de Maximiliano Kolbe o Tomás Moro, fue el de Oskar Schindler, cuya conducta ejemplar fue llevada al cine, en 1993, por Steven Spielberg, quien revelando al mundo su interpretación de la Shoah (Holocausto), mostró un relato estremecedor y magistral protagonizado por las propias víctimas.

En septiembre de 1939, los nazis invaden Polonia y los judíos son encerrados en guetos y, desde allí, enviados a campos de concentración. El empresario alemán Oskar Schindler (Liam Neeson), un hombre oportunista y con gran talento para prosperar económicamente, inicia una interesada relación con los militares nazis más poderosos para poner en marcha una fábrica en Cracovia, cuya mano de obra serán operarios judíos procedentes de los campos de concentración.

---

2. Robert Spaemann, *Ética: cuestiones fundamentales*, Ediciones de la Universidad de Navarra, Barañain, 2005, pp. 19-33.

Sin embargo, mientras hace un recorrido a caballo con una de sus amantes, observa desde una colina cómo los nazis masacran a un grupo de judíos. Este horrible hecho ablanda su corazón y le hace tomar conciencia de su complicidad con lo sucedido. Desde ese momento decide utilizar su influencia y recursos para salvar vidas en lugar de beneficiarse de una situación terrible e injusta. El nombre de la película, *La lista de Schindler*, procede de la lista que el protagonista creó, en la que incluyó a trabajadores que no solo eran valiosos para su fábrica, sino a otros familiares o amigos de los primeros. El número aproximado de los que pudo salvar fue de mil doscientas personas. Además, Schindler retomó la relación matrimonial que había comenzado con su mujer, a la que le fue fiel hasta la muerte.

Lo que empezó como un negocio muy lucrativo acabó convirtiéndose en un generoso acto de ayuda desinteresada, en el que comprometió su dinero y su futuro. De este modo, logró liberar a un buen número de personas de las manos del psicópata Amon Goeth (Ralph Fiennes), oficial al mando de uno de los campos de concentración.

Schindler descubre las injusticias de un régimen ateo y termina reconociendo lo que es bueno, lo cual le lleva a tomar partido por una buena causa. El antiguo oportunista cambia su corazón, convirtiéndose en fuente de inspiración y motivo de reflexión para millones de personas. Recordándonos que, incluso en los momentos más oscuros, un buen corazón, que actúa con libertad interior y coraje, puede mostrarnos lo mejor de la condición humana.

Sin comportamiento ético personal no hay liderazgo ético

Cuando las decisiones de una persona están movidas por un egoísmo calculador y frío, se falsea la perspectiva ética. A veces incluso por moverse por un egoísmo sentimental se verifican acciones opuestas a las virtudes morales. Solo las virtudes morales, los valores éticos en sentido estricto, pueden impedir un comportamiento deshumanizante y autodestructivo del sujeto de acción.

Aprender a respetar a los clientes, a los empleados, etcétera, es todo un reto porque exige no engañarles pudiendo hacerlo, y volvemos a repetir que no hay peor engaño que darles aquello que piden aun sabiendo que no les conviene, porque al dárselo se obtiene un beneficio y, además, quedan contentos. El respeto cabal hacia su persona en su totalidad es condición necesaria para poder darles un auténtico servicio.

Las empresas modernas son organizaciones tan delicadas que no pueden permitirse el lujo de no considerar al sujeto que actúa en primera persona; es decir, no pueden actuar sobre supuestos no realistas, tan solo como resultado de cálculos de utilidad en «tercera persona».

No hay duda de que ganar dinero es condición imprescindible para el buen funcionamiento de una empresa de negocios, pero no es suficiente. Todos sabemos que en un mundo en el que predomine la gente sin escrúpulos, en el que no se respeten los contratos, en el que no haya honradez ni confianza ni justicia, no habría forma posible de hacer negocios.

Pero el problema no reside solo en la aceptación de ciertos comportamientos como requisitos necesarios para la buena realización de los fines empresariales. El problema de fondo radica más bien en la suposición, tan ingenua como fatídica, de pensar que el logro de comportamientos éticos necesarios para el buen funcionamiento de una empresa sería viable sin el aprendizaje y enraizamiento ético de las personas, es decir, sin la interiorización de las virtudes morales de los sujetos que actúan.

Una cosa es el aprendizaje operativo, el desarrollo de habilidades técnicas de los empresarios o de los directivos, y otra es el aprendizaje moral, es decir, que esas personas vivan efectivamente esas virtudes morales. No basta con considerar esas virtudes como loables y dignas de vivir. Además, hay que interiorizarlas y vivir de acuerdo con ellas. Solo de este modo podrán transmitir a otras personas esas virtudes.

Los auténticos directivos, es decir, aquellos que realmente viven las virtudes y no solo procuran el cumplimiento externo de los mandatos, sino que actúan por amor a la justicia, a la fortaleza, a la templanza... gozarán de una autoridad fácilmente reconocida por sus subalternos.

Ese reconocimiento de la autoridad descansa en darse cuenta de la benevolencia de aquella persona cuya autoridad se reconoce. Será una autoridad que nunca suprime la libertad por coacción. La amistad, la afabilidad y el amor son precisamente las únicas formas de relación que pueden hacer que la autoridad se concilie con la libertad.

El amor a la persona que ejerce la autoridad es la única forma de reconocimiento y de obediencia que está en plena consonancia con la libertad. El amor es un acto de libertad que solo puede ser despertado, no mandado, y es precisamente el buen amor el que, como diría Dante, nos permite conocer bien: «Un amor che nella mente mi ragiona» ('un amor que razona en mi mente').

Por ello, la educación para la virtud siempre ha de ser educación para el conocimiento racional. La adquisición de la virtud significa también crecimiento en el conocimiento del bien. Pero esto solo no basta para un buen líder. Se requiere también una cierta «connaturalidad», es decir, el parentesco esencial con lo conocido y reconocido como bueno. No basta, pues, el puro conocimiento, que sería como el de un experto en cuestiones éticas que no fuera él mismo un hombre bueno. El conocimiento por participación en lo bueno, es decir, por parentesco esencial, es —como diría Josef Pieper— conocer por la «infalible trepidación del amante»[3]. De este modo, el buen líder, el que vive las virtudes connaturalmente, no solo sabrá la teoría sobre las virtudes, sino que, sobre todo, sabrá convertir en sí mismo la teoría en realidad, haciendo participar de este modo a sus colegas de ese gran bien que él mismo trata de incorporar a su vida día a día.

---

3. Josef Pieper, Obras, volumen 3, *Escritos sobre el concepto de filosofía*, Ediciones Encuentro, Madrid, 2000, p. 79.

El reconocimiento de la autoridad, cuando es consecuencia de la percepción de la bondad y la excelencia de quien la ejerce, produce una dirección afectiva que facilita la transmisión de la virtud, su contagio, y capacita para juicios en conformidad con las diferentes virtudes.

Esas virtudes serán asumidas y vividas en la medida en que se supo crear un clima de confianza recíproca.

Recapitulación

La virtud es un hábito electivo que, por la repetición de buenas obras, hace buena a la persona en su totalidad. La elección se refiere a los medios para el fin, es decir, a las acciones concretas que se eligen con vistas a un fin bueno en sí. Por la repetición de estos actos se va configurando la persona en su totalidad.

Para que una elección de la acción sea buena no es suficiente que el medio sea bueno. También es importante que el fin sea bueno en sí.

Un comportamiento ético, al estar apoyado en hábitos, implica que la ética personal y la profesional son inseparables: nacen del corazón y de la inteligencia de la persona que busca la verdad. Y esa coherencia nos hace líderes, en primer lugar, de nosotros mismos y, en consecuencia, provoca un sentimiento de autoridad sobre los demás. En un buen líder sus buenas obras son consecuencia de que él mismo es una persona buena.

Capítulo VI

Quinto descubrimiento: ¡puedes cambiar, no estamos predeterminados!

Plantar un jardín es creer en el mañana.

Audrey Hepburn

¿*Homo cerebralis*?

Gracias a la resonancia magnética funcional se puede estudiar la arquitectura dinámica del cerebro. El cerebro normal goza de una gran plasticidad. Podemos incluso afirmar que siempre está en obras. Nuevas neuronas, nuevas conexiones, reestructuraciones, modelaciones, nuevas regeneraciones, nuevos desmoronamientos, desapariciones, degeneraciones... A lo largo de los últimos años se han ido descubriendo nuevas posibilidades que ayudan a visualizar mejor la realidad del cerebro que está en constante cambio.

Ciertamente, hoy conocemos muchos más detalles sobre el funcionamiento del cerebro que a comienzos de este nuevo siglo. Sin embargo, esas nuevas visualizaciones y nuevos conocimientos sobre el cerebro no nos permiten afirmar que ya estamos en condiciones de «observar cómo piensa el cerebro» y que «nuestros pensamientos y nuestras decisiones se podrían explicar como consecuencia de diferentes procesos neuronales»[1].

En las últimas décadas hemos asistido a un sinfín de debates en el ámbito de las neurociencias y de la investigación cerebral. La pregunta principal versaba acerca de la posibilidad de una asociación causal entre la masa cerebral y la cognición. Wolf Singer[2], durante muchos años director de investigación cerebral (*Hirnforschung*) en el Instituto Max-Planck de Fráncfort, sostenía que deberíamos dejar de hablar de la libertad, pues nuestras acciones estarían predeterminadas por procesos neuronales.

¿Es cierta tal cosa? Diferentes científicos a lo largo de la historia han tratado de legitimar esta relación causal. El

1. El filósofo alemán Markus Gabriel recoge en su libro *Yo no soy mi cerebro. Filosofía de la mente para el siglo* XXI, Pasado & Presente, Barcelona, 2016, estas declaraciones tan sorprendentes emitidas por políticos de alto rango a comienzos de este siglo y que expresan el deseo de querer explicar también el espíritu del ser humano con fantasías no científicas. Para ello se recurre a la neurociencia llegando incluso a afirmar que «yo soy mi cerebro» y que Markus Gabriel critica con argumentos convincentes. De ahí el título de su libro: «Yo no soy mi cerebro».

2. Wolf Singer, «Deberíamos cesar de hablar de libertad», en: *Frankfurter Allgemeine Zeitung*, 08/01/2004, n.º 6, p. 33.

legendario médico alemán Oskar Vogt, director del Instituto Kaiser-Wilhelm de Berlín, especializado en la investigación cerebral durante los años treinta del siglo pasado, estaba convencido de que, tanto los criminales como los enfermos psicópatas y las personas con aptitudes extraordinarias, estaban claramente determinados por una fisonomía cerebral específica. Tenía la firme convicción de la existencia de «cerebros asesinos» (*Verbrechergehirne*), es decir, cerebros con una fisonomía peculiar que hace que esas personas cometan crímenes.

Durante los procesos de Núremberg, Vogt rogó repetidamente a Robert Kempner, fiscal jefe adjunto por Estados Unidos, que le cediese los cerebros de los nacionalsocialistas que resultaran condenados a muerte y ejecutados. Su intención era demostrar la «patología criminal» de esos cerebros.

En caso de que esa hipótesis se verificase, los condenados no podrían ser recriminados, ya que una sociedad no puede castigar a nadie tan solo por haberse hecho culpable en algún sentido. Esto tendría validez si el infractor hubiese tenido la posibilidad de actuar de modo distinto a como realmente actuó. Nos hallamos, en consecuencia, ante un asesino que comete crímenes contra la humanidad siendo «determinado u obligado» a ello por los dictámenes neuronales de su cerebro. ¿Es cierto esto? ¿Se trata en verdad de un asesino sin capacidad de actuar libremente, condicionado por sus propias tendencias criminales? En caso de que su voluntad no fuese libre, no podría ser responsable de sus actos y, por lo tanto, tampoco podría ser culpable. Quiera o no quiera, el asesino se vería obligado a matar.

Con el paso de los años es llamativo observar la cantidad de mitos que han sido creados por diferentes científicos para lanzar ideas utópicas sin rigor científico. Cuánto tiempo nos hemos dejado engañar por la idea de que no existe la neurogénesis, es decir, que una vez nacido el niño ya no se generan nuevas neuronas. Hoy sabemos que las células madre contribuyen a la creación de nuevas neuronas y que una de las características de los cerebros más sanos es que son los más cambiantes. De hecho, en las sesiones de *antiaging* se recomienda a los participantes que estimulen su cerebro aprendiendo nuevas cosas y, sobre todo, interesándose, a ser posible pasionalmente, por nuevos conocimientos, lo que coincide con el axioma central de la neurobiología «use it or lose it» ('utiliza tu cerebro o lo perderás').

Por otro lado, cuántas veces se han querido ver resultados que carecían de toda objetividad científica. Acordémonos de uno de los casos más espectaculares de la historia de la humanidad: la autopsia de Albert Einstein el 18 de abril de 1955 por el profesor de Patología de la Facultad de Medicina de Princeton, Thomas Stoltz Harvey.

Con esta autopsia clandestina, tras la muerte Einstein causada por la ruptura de un aneurisma de la aorta abdominal, Harvey vio la oportunidad de esclarecer un interrogante profundo de la humanidad: la asociación causal entre la masa cerebral y sus propiedades cognitivas. Sin permiso de ningún tipo, Harvey empuña la sierra y abre la calota craneal para extraer el cerebro. En sus manos se halla en ese momento la masa cerebral de un hombre considerado como uno de los más grandes genios de la física: Einstein. Harvey consideraba este análisis como la clave para conseguir explicar la genialidad del célebre físico. Tiempo más tarde, y en varias ocasiones, el catedrático de Neuropatología describió cómo había seccionado el cerebro en 240 partes, enumerándolas convenientemente. Pasados cuarenta años, Harvey, arrepentido y compungido por su acción delictiva, devolvió el cerebro troceado a Princeton, es decir, a su lugar de trabajo original.

Durante ese tiempo, Harvey trató de descubrir, a partir de su tesoro usurpado, el origen de la genialidad de Einstein. Sin embargo, todos estos intentos fueron fallidos: Harvey no dejó publicación alguna al respecto. No obstante, envió varias pruebas del material cerebral a distintos colegas que hicieron diferentes estudios con resultados poco alentadores y concluyentes. El cerebro de Einstein pesaba 1230 gramos, es decir, era notablemente más ligero que el de una persona normal, no superdotada, que suele ser de 1400 gramos. Tampoco la arquitectura celular le permitió sacar conclusiones convincentes. La cuestión del substrato básico cerebral como origen o causa del genio quedaba sin dilucidar.

En este sentido, adquieren carácter de profecía las palabras que el propio Albert Einstein pronunció al final de su vida acerca de la comprensión de la luz, pues no dejaba de sorprenderle —así se expresaba— que muchos pensasen haber entendido lo que es la luz. El mismo Einstein había demostrado que la luz tan solo se podría comprender si le permitiéramos moverse como una onda, pero al mismo tiempo exigiéramos de ella que chocara contra un objeto, actuando como una partícula elemental. También aprovechó para decir que se puede saber mucho sobre algo que incluya estas dos posibilidades al mismo tiempo, pero, no obstante, no saber realmente lo que es la luz. Del mismo modo que la luz fue para Einstein un misterio, lo seguirá siendo la combinación entre cerebro y pensamiento; un misterio que tampoco Thomas Stoltz Harvey consiguió dilucidar.

Naturalmente, sabemos por experiencia que, si hemos bebido un poco de más, nuestra capacidad cognitiva se verá reducida. Dicho de otro modo: sin cerebro no hay conocimiento. Así se entiende la frase inglesa: «Mind is what the brain does» ('la mente es aquello que hace el cerebro'). También podemos afirmar que la voluntad libre muchas veces no lo es tanto. No obstante, a nadie se le ocurre negar la autonomía y responsabilidad de nuestras actuaciones. Además, podemos concluir con el filósofo Markus Gabriel que es «una idea absurda afirmar que podamos ver un acto de pensamiento»[3]. Si uno entiende por «pensar» tener pensamientos conscientemente, eso implica mucho más que registrar los procesos cerebrales

3. Markus Gabriel, *op. cit.*, p. 18.

que se pueden hacer visibles mediante la resonancia magnética funcional[4].

Sin cerebro no hay voluntad libre. El cerebro es indispensable para la vida de una persona, para la existencia de su libertad, pero esto no implica que podamos entender la libertad tan solo en función de su origen anatómico. El ser humano siempre es una totalidad, es decir, mucho más que sus genes o que su cerebro. El cerebro ha ido cambiando durante toda la vida. En este sentido, el concepto de la «neuroplasticidad» ha revolucionado la neurobiología, pues establece una relación recíproca entre la estructura cerebral y su función. A nivel bioquímico y microscópico, el cerebro se renueva constantemente. Si esto no ocurriese, estaría muerto.

Lo que subyace al concepto de «neuroplasticidad», que procede de la palabra griega *plastikos* y significa moldeable, es algo maravilloso. Podemos aprender nuevas cosas durante toda nuestra vida. Esta es una gran noticia, una afirmación que nos permite llegar a la conclusión de que podemos configurar lo que llevamos entre manos de acuerdo con nuestros pensamientos. Todos aprendemos de modo diferente, lo cual significa que, al aprender algo, el cerebro de cada uno de nosotros cambia de modo distinto. Pero ¿qué es lo que cambia? La contestación es sencilla: el número y el grosor de las uniones entre las prolongaciones de las células del cerebro, también llamadas sinapsis[5].

---

4. *Ibidem*, p. 19.
5. Alfred Sonnenfeld, *Educar para madurar. Consejos neurobiológicos*

Durante mucho tiempo se pensó que el cerebro no cambiaría como consecuencia del trabajo intelectual. Hoy sabemos que no es tan solo el órgano más complicado, sino también el más dinámico. Si no se usase, se desintegraría poco a poco el «cableado del *hardware*». El cerebro se adecúa sin cesar a las diferentes exigencias de la vida; por supuesto, y de modo especial, también a las exigencias intelectuales. Es más, para que se produzcan nuevas neuronas a partir del hipocampo[6] es necesario tomar una actitud proactiva en la vida. Toda pasividad cerebral perjudica nuestra neurogénesis (generación de nuevas neuronas), como acabamos de recordar.

De lo dicho podemos deducir que querer explicar el contenido de un pensamiento tan solo a partir de ciertas actividades cerebrales equivaldría a interpretar las cosas, los sucesos, mi propia biografía histórica y cultural de acuerdo con un modelo exclusivamente reduccionista. La fascinación del reduccionismo naturalista consiste en insinuar que se puede encontrar una respuesta empírica a la gestación de los motivos por los cuales actúa una persona.

¿Cómo es posible que Sócrates no huyera de la cárcel, pudiendo haberlo hecho y evitando así una muerte segura?

---

y espirituales para que tú y tus hijos seáis felices, Rialp, Madrid, 2019, 11.ª edición, pp. 74 y 75.

6. El hipocampo es una estructura situada en el interior del cerebro que desempeña un papel clave en el funcionamiento cerebral, sobre todo en relación con la memoria. En la enfermedad de Alzheimer el hipocampo es una de las primeras regiones del cerebro en sufrir daño.

¿Es posible que esta decisión se produjese en él como consecuencia de haberse formado en su cerebro una actividad cerebral específica? En caso afirmativo, podríamos sustituir la autonomía del individuo, su responsabilidad, por un acontecimiento neuronal. La antropología de la acción moral podría, por tanto, ser sustituida por actividades cerebrales. Lo que hasta el momento se venía considerando como acción intencional, derivada de la voluntad y libertad del sujeto que es consciente de su responsabilidad, ahora se consideraría como algo derivado de ciertas actividades neuronales que podrían localizarse en el cerebro y que prescindirían del componente de responsabilidad, por ser su soporte una masa biológica.

Estas conclusiones causales llevan consigo un salto de niveles inadmisible. Acciones morales como pilotar mis propias decisiones, actuar por un fin, experimentar culpa y vergüenza por ciertos actos u omisiones o sentir remordimientos de conciencia, no pueden ser demostradas tan solo en función de ciertas actividades neuronales. Los dos niveles exigen un método distinto para su estudio.

¿Cómo podría explicar que mi conciencia reaccione de modo especialmente sensible ante injusticias sociales? ¿Por qué estoy afligido y mi corazón arrepentido ante determinados fallos? La causalidad de los fenómenos propiamente humanos, y con ello su determinación, no puede ser explicada cuando se trata de dar el salto entre dos esferas esencialmente diferentes. La libertad, la moralidad, la felicidad no se pueden medir en gramos y kilogramos, ni tampoco pueden entenderse solo como resultado de ciertas mediciones cerebrales.

Querer demostrar los fenómenos mentales a partir de ciertas actividades neuronales significa valerse de un fenómeno mental preconcebido, ya que el proceso por el cual se explican estas asociaciones entre el cerebro y la intencionalidad tiene lugar en la conciencia, es decir, en la capacidad de discernimiento del hombre. La reducción de los actos libres de una persona a ciertas modificaciones cerebrales se apoya en una *petitio principii*: lo que se quiere clarificar (el nuevo estado de conciencia) como resultado de una alteración basal cerebral, se presupone de antemano durante el proceso de explicación como determinante de su posibilidad. El punto de arranque es el consciente, no el resultado de la explicación. Por lo tanto, una teoría científica que actúe de este modo aniquila de antemano sus requisitos previos.

No estamos determinados: ¡podemos mejorar!

Una de las equivocaciones más persistentes de nuestro tiempo consiste en pensar que la actuación de las personas vendría determinada de modo excluyente por sus genes. Esto equivaldría a decir que el programa genético haría superflua toda influencia del mundo exterior. Sin embargo, los conocimientos neurobiológicos nos dicen que la actuación de los genes depende no tanto de su constitución, de si son más o menos buenos, sino más bien de nuestro estilo de vida, del ambiente y, con ello, de las relaciones sociales[7]. Por tanto, podemos afirmar que no estamos determinados por nuestros genes.

No obstante, tal como dice el genetista y psiquiatra estadounidense Claude Robert Cloninger, dependemos, en gran manera, de los diferentes tipos de temperamento, que equivalen a distintas formas de la personalidad y que presentan ciertas semejanzas con los cuatro tipos de personalidad que Hipócrates, uno de los médicos más conocidos de la antigua Grecia, estableció, basándose para ello en los comportamientos del ser humano. De hecho, hoy en día, el uso de sus términos —sanguíneo, flemático, colérico y melancólico— persisten en el lenguaje científico de la psicología.

Estas cuatro categorías del temperamento describen conductas heredadas que condicionan la libertad humana, del mismo modo que heredamos el color de nuestra piel o de nuestros ojos. Nos vienen dadas por nacimiento. De acuerdo con las investigaciones de Cloninger, las cuatro categorías o dimensiones del temperamento representan las áreas cerebrales más antiguas del cerebro como, por ejemplo, el sistema límbico.

Por otro lado, Cloninger distingue tres categorías o dimensiones del carácter que tienen que ver con cómo la

---

7. Joachim Bauer, *Selbststeuerung. Die Wiederentdeckung des freien Willens*, *op. cit.*, pp. 32-36.

persona se autoconstruye y se forja a sí misma en relación con los demás y el mundo. Son el orden interior (*self-directedness*), la capacidad de cooperación y la autotrascendencia. Se sitúan en el área cerebral más joven, es decir, más reciente a nivel filogenético, el neocórtex, que es la estructura que biológicamente más nos distingue de los monos y constituye la mayor parte de la corteza cerebral, concretamente el 90 %.

Estas tres categorías del carácter representan aquello que el ser humano puede hacer de sí mismo, más allá de sus genes y de su educación. Dependen, sobre todo, de cómo hacemos uso de nuestra libertad.

La primera categoría, la del orden interior, nos da a entender que mediante este podemos llegar a la libertad interior, y que distinguir lo esencial y más importante de lo menos importante —en definitiva, saber priorizar— nos es de gran ayuda.

La segunda, la capacidad de cooperación, ordena nuestras relaciones en la vida social y tiene que ver con el sistema basal, ya que todas las relaciones pasan por el sistema reptiliano. Mide la capacidad de aceptar a otras personas e identificarse con ellas: la amabilidad, en contraste con el egoísmo agresivo y la hostilidad. Cloninger se apoyó, a tal fin, en los trabajos de Carl Rogers, que describen a las personas cooperativas como aquellas que muestran aceptación incondicional del otro, empatía con los sentimientos de los demás o buena disposición para ayudar a otros a lograr sus metas. La cooperatividad es, por tanto, un proceso de desarrollo compuesto por varios aspectos o fases. Los individuos no cooperativos tienden a ver el mundo y a los otros como ajenos y hostiles. En contraste, los individuos cooperativos, tal y como debería ser un buen líder, se sienten como partes sinérgicas de una comunidad que se organiza sobre los principios de la compasión y el respeto recíproco.

La tercera categoría, la autotrascendencia, nos integra en un todo y es la categoría del corazón. Se ha podido demostrar que las personas que viven y actúan inmersas en lo trascendente e incorporan a su vida diaria la meditación contemplativa gozan de una mayor satisfacción, encuentran más fácilmente el sentido profundo de su existencia, tienen menos problemas psiquiátricos y una mayor efectividad personal, que va desarrollándose a lo largo de su maduración.

Las investigaciones de Cloninger nos evidencian que el ser humano puede establecerse en el orden o en el desorden. Y, además, como ya habíamos mencionado, que el corazón del ser humano tiene la capacidad de ennoblecer el sistema basal y la cabeza. En esto consiste la libertad humana.

Podemos decir, apoyándonos en los estudios realizados por Cloninger, que la identidad biológica, como ocurre con el temperamento, es el suelo sobre el cual actúan con plena libertad las categorías del carácter que, poco a poco, se va forjando de acuerdo a nuestras intenciones y actos libres. Es cierto que estamos condicionados por nuestro temperamento, pero actuar coherentemente, hacer la vida agradable a los demás o ser tolerantes no dejan de ser decisiones personales.

QUERER DE VERDAD

Todos tenemos predisposiciones e inconvenientes que pueden ser obstáculos para el desarrollo de nuestro carácter. Algunos eligen superarlos, otros no. Las personas con buen carácter no ven tanto los obstáculos como las posibilidades y retos que estos obstáculos albergan.

La libertad es capaz de modelar el carácter que, en última instancia, es fruto de las elecciones de la voluntad, que generan los hábitos buenos o malos. A la larga, lo que somos, la persona que hemos llegado a ser es, en gran medida, resultado de nuestras elecciones pasadas y presentes.

En la tarea de mejorar el carácter corresponde una parte primordial a la fuerza de voluntad. Henri Lacordaire decía con gran elocuencia: «El carácter es la energía sorda y constante de la voluntad». De este modo comprendemos que quien realmente tiene carácter tiene dominio de sí mismo y, por tal razón, los vientos tempestuosos difícilmente podrán derribarlo, pues precisamente en tiempos de tempestad es donde se educa el carácter. Tal como decía Johann Wolfgang Goethe: «El talento se educa en la calma y el carácter en la tempestad». O, también en otras palabras del mismo autor: «El talento se forma en la quietud, el carácter en el torrente del mundo».

Para llevar una decisión a la práctica (praxis) necesitamos lo que ordinariamente se llama fuerza de voluntad, una tramitación o transferencia que ejecuta lo que hemos decidido.

¿Cómo puedo llegar a ser prudente? ¿Cómo puedo llegar a ser justo? ¿Cómo puedo llegar a ser paciente? ¿Cómo puedo llegar a ser decente y equilibrado? La contestación viene dada por las elecciones que hace nuestro yo. Es decir, para dar un salto de calidad en mi modo de ser, para dejar de ser un líder mediocre y ser un buen líder, he de «querer» de verdad. Muchas personas no pueden porque no quieren. Y no quieren no porque les falte capacidad, sino porque tienen la voluntad paralizada. El querer no puede ser un «quisiera querer» —triste subjuntivo de los débiles y apáticos—, un querer paralítico, sino un querer decidido, que surge de lo más profundo del propio ser.

Es un viejo prejuicio pensar que basta con conocer qué es lo racionalmente adecuado para seguidamente actuar conforme a tal conocimiento. Como ya decían los antiguos: «Los universales no mueven». Es decir, lo abstracto no mueve.

Habíamos visto que el hombre no es solo cerebro; tampoco es solo un ser que piensa. Por eso, no basta pensar las cosas y querer hacerlas para hacerlas realmente: hay que poder hacerlas.

Si fuéramos solo mentes bastaría pensar una cosa y tomar una decisión para hacerla. Pero la experiencia diaria enseña que no somos así. Hay muchas cosas que nos gustaría hacer y decidimos hacer, pero no hacemos. Algo se interpone entre la decisión de nuestra mente y la ejecución.

La experiencia enseña también que esta fuerza de voluntad varía de unas personas a otras y tiene mucho que ver con las costumbres o hábitos que cada una tiene. Se puede ilustrar con el ejemplo del despertador por la mañana: para alzarse puntualmente al oír el sonido del despertador no basta haber decidido levantarse, además hace falta tener la costumbre de hacerlo. El mero querer no es bastante, ordinariamente. Es verdad que, si hay motivos excepcionales, cualquier persona se levanta puntual, aunque no tenga esa costumbre. Pero, ordinariamente, quien no tenga esa costumbre fallará muchas veces, aunque se haya propuesto lo contrario.

El hombre es un animal de costumbres, para bien o para mal

Las costumbres hacen o deshacen a un ser humano. Refuerzan la libertad o la reducen. La persona que se pone a trabajar enseguida tiene una buena costumbre que le facilita el trabajo. En cambio, quien acostumbra a retrasarse porque no le apetece empezar, tiene una mala costumbre que le dificulta el trabajo.

El que tiene la buena costumbre asegura una buena transmisión entre lo que decide con su cabeza y lo que realiza: consigue trabajar cuando decide trabajar. En cambio, a quien no tiene esa costumbre le falla la transmisión: habitualmente no consigue trabajar, aunque se lo proponga. Necesita un mayor esfuerzo de voluntad.

Hemos visto de qué modo nos hemos dejado influir por un sinfín de mitos que han sido creados a lo largo de la historia sin ningún tipo de apoyo científico, sin comprobación real. Debemos librarnos de esos mitos opresores y de clichés petrificantes. Incluso nuestra cultura tiene algunas expresiones proverbiales que respaldan esa falsa creencia como ¿puede acaso enderezarse el árbol torcido? o cuántas veces hemos oído la frase tremendamente pesimista y negativa: «Esto es lo que hay».

Esos clichés son una excusa perfecta para no asumir la responsabilidad de nuestras vidas y de nuestro futuro. Si no creemos que las personas pueden cambiar, entonces no tiene ningún sentido intentar desarrollar nuestras habilidades de liderazgo, porque eso nos exige cambiar.

Es cierto que el cambio no es fácil. Cambiar significa someterse a retos constantes. Significa aceptar nuevos paradigmas que nos obliguen a desprendernos de viejos puntos de vista. Significa salir de la inercia monótona de nuestras vidas. Salir de la zona de confort. Resumiendo: nos equivocamos si pensamos que las personas no pueden cambiar. Pero también nos equivocamos si pensamos que el cambio es fácil.

Como ya hemos visto, la buena noticia que llega de la mano de la neurobiología es que nuestro cerebro está capacitado para aprender y cambiar constantemente, adaptándose a los pequeños o grandes retos de la vida. El cerebro goza de una gran plasticidad —neuroplasticidad, es el término científico—, es maleable y moldeable, con gran capacidad de adaptación ante las nuevas circunstancias, incluso en edades muy avanzadas[8].

El líder está dispuesto a revisar y cambiar su paradigma (*Weltanschauung*). «La persona sensata se adapta al mundo y la insensata se empeña en intentar que el mundo se adapte a ella», decía George Bernard Shaw.

Con la simple asistencia a un curso sobre liderazgo no se convierte uno automáticamente en un líder mejor. Nadie aprende a nadar solo con leer las instrucciones de un libro. El aprendizaje requiere aplicar y vivir las instrucciones. La búsqueda del liderazgo implica estar dispuesto a cambiar.

Recapitulación

Hay científicos que sostienen que el cerebro reduce la responsabilidad del sujeto a una cierta predisposición; otros consideran que el cerebro nos determinaría totalmente. El ser humano es mucho más que la suma de sus genes o que su cerebro. La libertad significa hacer lo que uno quiere, haciendo lo que debe hacer; o al revés, hacer lo que se debe hacer, queriendo hacerlo. Utilizar la capacidad de

---

8. Alfred Sonnenfeld, *El arte de la felicidad. Mente, cerebro y genes. Herramientas para su buen uso*, Almuzara, Córdoba, 2023, p. 12.

elegir para hacer el mal es un mal uso de la libertad. Claro que una persona puede matar haciendo de este modo uso de su libertad, pero a ese mal uso de su facultad de obrar se lo llama libertinaje porque no comporta un uso responsable para alcanzar su bien y contribuir al bien común de la sociedad.

El obrar bien no es tan solo una cuestión genética y que, por tanto, no se puede cambiar. El ser humano alberga un gran potencial de mejora si dispone de la motivación suficiente y lo desea de verdad.

Capítulo VII

Sexto descubrimiento: entender el «para qué» de mis actuaciones

> Haciendo el bien nutrimos la planta divina de la humanidad; formando la belleza, esparcimos las semillas de lo divino.
>
> Johann Christoph Friedrich von Schiller

Elegir lo bello, lo bueno

Recordemos que actuar con el fin de adquirir virtudes siempre conlleva aumentar en el conocimiento racional. La adquisición de la virtud significa también crecimiento en el conocimiento del bien.

Las virtudes morales se adquieren por la repetición de actos que perfeccionan las capacidades operativas que tienden a la vida lograda del sujeto. Estas perfecciones reciben el nombre de hábitos, que son disposiciones estables o inclinaciones adquiridas a un determinado tipo de actos que permiten realizarlos con la perfección correspondiente a la facultad en cuestión: con facilidad y connaturalmente. Es decir, eligiendo repetidamente acciones justas y actuando de acuerdo con esas acciones voy adquiriendo la virtud. Pero esto no quiere decir que se forme como un acostumbramiento a ciertas pautas de conducta. Lo decisivo aquí no es el «esfuerzo», sino la constancia en la orientación afectiva hacia aquello que la razón manda.

La virtud capacita para acertar con el bien en la elección de la acción. Sin embargo, este bien cada vez es uno distinto; es contingente y relativo a la situación. Aquí hay matices con los que es imposible acertar por costumbre.

Lo que sucede por mero acostumbramiento posee más bien el carácter de lo uniformado y estereotipado. Esto es diametralmente opuesto a la virtud moral, que no aspira a subsumir lo concreto bajo un rígido patrón universal sino más bien a captar la universalidad de lo moralmente bueno y «bello» precisamente en su concreción. Para esta tarea de nada serviría una virtud que fuese mera costumbre. Aquí advertimos que el florecimiento de la virtud solo se puede entender como potenciación (desarrollo intensivo) de la razón, que juzga de modo correcto precisamente en el virtuoso.

La adquisición de la virtud significa, por tanto, siempre, ejercicio en la reflexión y en el juicio. Pero no es solo eso, pues tampoco hemos de olvidar un segundo elemento de tipo estético como es el bien que, también en su última concreción, como «medio para un fin», posee para la mirada del virtuoso aquella cualidad de lo «bello» que le proporciona la evidencia de lo que le «gusta».

Ante lo bello no nos preguntamos «para qué» gusta o «para qué» es bello. Al virtuoso le «gusta» el bien. En este sentido dice Hans-Georg Gadamer que no solo la ética aristotélica, sino la de los griegos en su conjunto, es de hecho una «ética del buen gusto». Esto nos hace ver, al igual que el buen gusto estético, que tampoco la virtud moral es una mera costumbre, sino más bien un juicio correctamente formado que puede captar lo universal en su concreción, gustar de ello y darle su aprobación.

La persona virtuosa ve más y establece correctamente la jerarquía de valores. Sabe, por ejemplo, someterse a un nuevo horario si así lo requiere el bien de su familia, la salud o un bien espiritual; sabe limitar algunas actividades para mantener otras. De este modo, esa persona está «conmensurando» los fines de las diversas actividades, estableciendo determinadas prioridades entre ellos sobre la base de un fin de orden superior. Conmensurar los fines no últimos no significa disponer de ellos arbitraria o instrumentalmente, sino del modo como las partes han de estar relacionadas con el todo.

La formación del sentido de los valores, del sentido de su jerarquía, de la capacidad para distinguir lo más importante de lo menos importante, es una condición para el éxito de la vida individual vista en su totalidad y para la comunicación con los demás.

La capacidad de conocer valores crece si uno está dispuesto a someterse a ellos y disminuye cuando no se da esa disposición. Ese conocimiento de los valores se alcanza sobre todo por la experiencia y la práctica. Así, quien recorre por primera vez una exposición de arte moderno quizás haga rápidamente un juicio global y descubrirá verdaderas diferencias de calidad, si es que ha aprendido el lenguaje de ese arte, es decir, si ha visto muchos ejemplos.

Hay dos propiedades que representan un obstáculo serio para la captación de valores: la apatía y la pasión desbocada.

Un buen ejemplo de ceguera a causa de la apatía nos lo ofrece el Antiguo Testamento en la historia de Esaú, cuando vendió a Jacob la primogenitura por un plato de lentejas. Estimulado por su madre, Jacob es lo bastante inteligente como para, en el momento justo, aprovecharse de la apatía del hambriento Esaú y de su preferencia por una comida; y solo mucho más tarde descubre Esaú que ha sido engañado. En su momento, esa comida le parecía algo concreto y codiciable, mientras que la primogenitura era algo abstracto y de poco valor. El apático no capta en su verdad real la jerarquía de valores.

Por otro lado, tampoco el que está cegado por la pasión capta esa jerarquía de valores. También en este caso se proporciona un ejemplo muy elocuente en la Biblia. El rey David es dominado por su pasión hacia Betsabé hasta el punto de enviar a su marido a un puesto de batalla en el cual morirá irremisiblemente. El amor a Betsabé le ciega y es la causa de este comportamiento tan despreciable. En cierto modo, la pasión le hace ver más, le abre los ojos para apreciar la belleza de esa mujer. La pasión nos descubre valores, pero no su jerarquía.

Las pasiones tienen un papel positivo en el actuar humano y se deben integrar en él como principios de acción, pero conforme a un orden que ninguna de ellas por separado puede establecer, ya que cada una tira del sujeto hacia su objeto particular de forma incondicional. De ahí que quien no mantiene en armonía sus pasiones no actúa por los valores, sino por su egoísmo, pues se deja conducir tan solo por la perspectiva reducida de las pasiones en vez de ponerse en el lugar de las cosas. Y de esa ceguera cada uno es responsable[1].

El líder necesita tener corazón y motivar

También es posible a la inversa. Es decir, hacer cosas buenas y correctas sin pasión ni sentimiento, incluso a pesar de su ausencia; hacerlas sencillamente en virtud de un conocimiento racional o de la conciencia del deber, etc. Pero la razón cognoscitiva no basta para captar la realidad,

1. Robert Spaemann, *Moralische Grundbegriffe*, C. H. Beck, Múnich, 1981, pp. 49-60.

porque no comprende existencialmente al otro. En estos casos falta un rasgo esencial de la perfección del actuar moral al que ya nos hemos referido: la connaturalidad afectiva con el bien, que significa hacer el bien no en virtud del sentimiento del deber y de la razón pura, sino por tender al bien con todas las potencias y capacidades de la persona. De este modo superaremos el problema real y complicado de querer al otro en cuanto otro, ya que tendemos a quererlo en cuanto objeto de la imaginación, y la relación humana se rompe cuando se descubre que solo se es instrumento para el otro[2].

Quien actúa desapasionadamente y sin corazón corre el peligro de no acertar con el bien en los aspectos concretos por faltarle la capacidad, tan importante para un líder, de ponerse en el lugar de los demás y poder experimentar sus mismos sentimientos. Con tal motivo, el buen líder sabrá empatizar y comunicar encontrando las palabras acertadas[3]. No olvidemos que en el proceso de persuasión y en el del trabajo en equipo hay factores emocionales que con cierta frecuencia son más eficaces que la pura racionalidad. Factores que tienen que ver no tanto con el emisor como con el receptor del mensaje, si quiere aceptar o no lo que se le propone. Bien decía Blaise Pascal a este respecto que «el corazón tiene razones que la razón ignora».

---

2. Rafael Alvira, *Filosofía de la vida cotidiana*, Rialp, Madrid, 1999, p. 106.

3. Alfred Sonnenfeld, *Armonía...*, *op. cit.*

El líder con excelencia ha de saber invitar, animar, inspirar y entusiasmar a los demás para que encuentren tipos de motivación a más alto nivel. Recordemos las palabras acertadas de Antoine de Saint-Exupéry: «Si quieres construir un barco, no empieces por buscar madera, cortar tablas o distribuir el trabajo. Evoca primero en los hombres y mujeres el anhelo del mar libre e infinito».

La motivación es un término que se aplica a una amplia serie de anhelos, impulsos, necesidades, deseos y fuerzas antropológicas similares. Es lo que hace que un individuo actúe y se comporte de una determinada manera. Hasta no hace mucho tiempo, se decía que la forma de motivar a los trabajadores era mediante un sistema de incentivos salariales: cuanto más producían, más ganaban. En este caso la motivación se basaba exclusivamente en un interés económico.

En psicología, las teorías de la motivación establecen un nivel de motivación primario que se refiere a la satisfacción de las necesidades elementales, como las fisiológicas y de seguridad, y un nivel secundario referido a las necesidades sociales, como las de estima, de logro, de afecto. Se supone que el primer nivel debe estar satisfecho antes de plantearse los secundarios.

Sistema motivacional

Desde hace más de treinta años, la neurobiología conoce el concepto de «sistema motivacional» o «de recompensa»

—*reward system* en inglés o *Belohnungssystem* en alemán—, localizado en redes neuronales del «cerebro medio»[4], que se caracteriza por intensificar e incrementar una conducta humana de bienestar. Se trata de una red de células neuronales, especialmente conectadas con los centros emocionales del cuerpo humano, de tal modo que las informaciones que llegan del medio ambiente a través de ellos nos transmiten si vale o no la pena empeñarse en actuar de una u otra forma, dependiendo para ello de si la información que nos llega es o no significativa para nuestro bienestar.

Aquellas experiencias, sentimientos, impresiones que nos llegan muy adentro, que nos dan un sentido positivo y profundo de nuestros empeños, actúan sobre el sistema de recompensa o motivacional, y es entonces cuando el cuerpo libera las sustancias mensajeras neuroplásticas —dopamina, oxitocina y opiáceos endógenos—, que generan la sensación de bienestar.

¿Qué tiene que ocurrir para que el ser humano libere ese cóctel de hormonas, también conocidas como hormonas de la felicidad? La contestación clara y precisa dejó estupefactos a los expertos en esta materia. El fin natural por el que el sistema motivacional actúa liberan-

---

4. Joachim Bauer, *Schmerzgrenze. Vom Ursprung alltäglicher und globaler Gewalt*, Karl Blessing Verlag, Múnich, 2013, pp. 32-33. El concepto de «sistema motivacional» lo he tomado de Joachim Bauer, quien expone su modo de actuar en sus dos libros: *Schmerzgrenze*, 2013, y *Prinzip Menschlichkeit*, *op. cit.*, 2014.

do las hormonas de la felicidad es la buena convivencia social y el mejor logro de las relaciones humanas. Es precisamente la cooperación armónica entre los seres humanos lo que nos hace ser felices. Pero no se refiere únicamente a las relaciones personales, sino a todas las formas de cooperación social. Lo que nos motiva, sobre todo, es la satisfacción que nos proporcionan nuestras relaciones sociales cuando suponen estima, valoración, reconocimiento, gratificación y simpatía[5].

Los conflictos éticos

Los conflictos éticos surgen cuando aparece una falta de armonía entre lo que se anhela y la satisfacción de estos anhelos. No raras veces, esta dicotomía de la persona puede llevar a diferentes grados de neurosis. La neurosis, enfermedad del sistema nervioso caracterizada por la inestabilidad emocional, es el tipo de comportamiento de la persona que ha equivocado la vida. Por ejemplo, cuando una persona le da un valor exclusivo a lo que los demás opinen de ella, buscando por encima de todo el ser reconocida.

En las estructuras sociales, los conflictos éticos suelen darse cuando las personas que han de tomar decisiones directivas se encuentran con la aparente imposibilidad de

5. Joachim Bauer, *Schmerzgrenze*, *op.cit.*, pp. 35-38.

elegir acciones que satisfagan simultáneamente sus criterios de racionalidad económica y sus criterios éticos.

La moral no es una «tecnología» productora de reglas aplicables a casos concretos. Las intenciones del sujeto son de vital importancia para la calificación ética de la acción. La ignorancia del sujeto, que no puede trivializarse por reducción a la simple carencia de información abstracta, califica seriamente la obligación moral. Cualquier profesional tendrá que estar dispuesto a sacrificios si de verdad quiere desarrollar a fondo su personalidad, buscando nuevas alternativas.

Las motivaciones para actuar

Considerar una empresa tan solo como un conjunto de personas que se esfuerzan en conseguir algún fin con valor económico es un enfoque muy reducido de la complejidad de una organización y de la motivación de las personas que la constituyen.

Las empresas necesitan apoyarse en personas cuya actuación brote de una motivación interna, y no como resultado del mero cumplimiento de unas normas extrínsecas.

La totalidad de un conjunto de personas, así como la totalidad de un organismo vivo, se transforma interiormente al realizarse las más diferentes operaciones. De este modo se van sedimentando diferentes tipos de experiencias que dan lugar a una asimilación y aprendizaje en las personas que contribuyen a la existencia de la colectividad.

A través de las distintas motivaciones tendrán lugar diversos tipos de aprendizaje que hacen posible valorar con mayor exactitud una realidad cuyos contenidos no nos resultan accesibles a la vez y desde el principio. Se nos manifiestan paulatinamente y solo en la medida en que uno aprende a objetivar sus intereses. Por ejemplo, si aprendemos a escuchar y entender la buena música, podremos disfrutar más de ella.

Hoy se escucha con frecuencia que la educación tiene como objetivo que los jóvenes aprendan a defender sus intereses. Pero, por encima de esto, es más importante enseñar a tener intereses, a interesarse por algo; pues todo aquel que defiende sus intereses, pero en realidad no se interesa por nada más que por sí mismo, no puede alcanzar un grado de felicidad superior al que en ese momento haya adquirido. Por eso la creación de intereses objetivos, el conocimiento de los valores de la realidad, es un elemento esencial para una vida lograda.

Únicamente en un mundo real podemos alcanzar la felicidad o, como bien dice Maurizio Ferraris[6], cuando el mundo verdadero se convierte en una fábula, entonces se llega a ser un *reality*, y el resultado es lo que vemos en el populismo mediático, un sistema en el cual, con tal de

6. Maurizio Ferraris, *Manifiesto del nuevo realismo*, Biblioteca Nueva, Madrid, 2013, pp. 39-44.

tener poder para ello, se puede hacer creer cualquier cosa. En los telediarios y en los *talk shows* se está asistiendo al reino que tiene como base la famosa frase paradigmática de Friedrich Nietzsche: «No hay hechos, solo interpretaciones». Es un hecho que la razón del más fuerte es siempre la mejor. El populismo mediático se considera a sí mismo un sistema sin alternativas y pone todo entre comillas, por ejemplo, la «justicia», la «verdad», la «objetividad», etc., y, sobre todo, trata de desobjetivar todo, apoyándose para ello en la ya citada sentencia de Nietzsche: «No hay hechos, solo interpretaciones».

Las transformaciones en las motivaciones de las personas influyen en la totalidad de una empresa. Albert Einstein observaba al respecto con agudeza: «Los problemas significativos que afrontamos no pueden solucionarse en el mismo nivel de pensamiento en el que estábamos cuando los creamos».

Motivación trascendental

Para llegar a este tipo de motivación más alto, que con Juan Antonio Pérez López llamaremos «motivación trascendental»[7], no basta con conocer qué es lo racionalmente

---

7. Juan Antonio Pérez López, *op. cit.*, pp. 79-85. Este autor propone un paradigma antropológico que se materializa en la necesidad de que los actos tengan la impronta de la corrección ética. Es decir, los actos humanos han de ser actos virtuosos. Hablar de ética o de ética profesio-

adecuado para seguidamente actuar conforme a tal conocimiento. Moverse por motivos trascendentes es todo un reto y corresponde al campo específico de la ética. Nos encontramos aquí con el plano ético de las organizaciones humanas, que es el que recoge las consecuencias de un proceso de aprendizaje a través del cual las personas adquieren o pierden la capacidad de moverse por motivos trascendentes. Ese proceso de aprendizaje no es otro que aquel a través del cual se adquieren las virtudes morales.

¿Cómo se puede llegar al dinamismo de la motivación trascendental? Se llegará en la medida en que las personas forjen su carácter tratando para ello de adquirir las virtudes morales pues, como ya hemos visto, las virtudes nos ayudan a hacer el bien con facilidad y, por tanto, nos hacen más libres.

Ahora podemos preguntarnos: ¿qué impulsa a un directivo a esforzarse por ser un buen profesional? La pregunta no es diferente de la que podríamos formular para cualquier otra profesión. Por ejemplo, de un médico se espera que con su profesión restablezca competentemente la salud de sus pacientes, sepa prevenir enfermedades, gane dinero, etc. A nadie le gustaría caer en manos de un médico para quien lo único importante fuera ganar dinero y mantener la clientela, incluso prolongando tratamientos inútiles en sus pacientes.

---

nal sin referirse a las virtudes morales, afirma Pérez López, sería tanto como hablar de física sin mencionar la ley de gravedad.

Lo asombroso es que un directivo pueda afirmar que lo único que le importa es ganar dinero y no pierda a sus clientes, o que sea normal una reacción que en modo alguno se tendría ante un médico[8] que dijese algo semejante. Se podrían alegar y exponer una serie de motivos que explicasen esta situación anómala. A este nivel habría que trascender visiones reductivas y chatas sobre lo que es un empresario.

Parece que el objetivo fundamental de lo que se denomina *business ethics* consiste en la elaboración de un inventario de exigencias y obligaciones de la empresa para que las decisiones tomadas tengan el oportuno respaldo social. La actitud de reducir la ética al análisis de la aceptabilidad o no aceptabilidad social de ciertas consecuencias de las decisiones degenera fácilmente en hipocresía.

Lo que hace falta es un enfoque que ayude a entender el para qué de los sacrificios que un líder con excelencia ha de realizar cuando subordina lo económico a lo ético. Un enfoque que le permita ver con claridad que nunca será un buen directivo si no se esfuerza seriamente en mejorar constantemente su calidad ética personal.

Con tal motivo quisiera recordar aquellas limitaciones que surgen en las concepciones reduccionistas de un líder cuando prescinde de los principios de la ética y de la moral

8. Alfred Sonnenfeld, «Über die sittliche Qualität ärztlichen Tuns», en *Der Mensch als Mitte und Maßstab der Medizin*, ed. por J. Bonelli, Springer Verlag, Viena/Nueva York, 1992, pp. 175-195.

que venimos señalando; limitaciones que acaban por invalidar la utilidad práctica de su actuación a largo plazo.

Esas limitaciones se deben no pocas veces a concepciones reduccionistas de la llamada ética de empresa, pero que en realidad bloquean su desarrollo integral. El problema de fondo es que al fijarse únicamente en el valor social (el valor para otros) de acciones con valor ético (el valor para el empresario o líder), se prescinde de hecho de la ética y de la moral, que quedan reducidas a una sociología normativa sin fundamentación ética.

Recapitulación

El buen gusto no es solo cuestión de costumbre. Se necesita formar el gusto estético igual que se necesita formar el ético. Si no existe una formación previa, nadie es capaz de desarrollar correctamente una ética coherente con facilidad.

Cuando alguien tiene buen gusto es capaz de valorar lo que de bonito y bueno hay en una obra de arte. Lo mismo ocurre con la ética: si se ha conseguido una buena formación ética que nos lleva a optar siempre por el bien común, sabremos captar ese bien universal en las actuaciones concretas, gustar de ellas y darles nuestra aprobación.

Apropiarse de la belleza es una frase genuinamente griega y significa subordinar lo físico, los bienes y honores a un alto ideal para entrar en posesión de la belleza. Es decir, se trata de adquirir, mediante las virtudes, el dominio, el señorío sobre sí mismo para ser bello y no hacerse esclavo de las pasiones. Señorío y *areté* en los griegos se hallaban inseparablemente unidos: las ideas de nobleza y belleza les entusiasmaban[9].

Más importante que defender los intereses personales es saber en qué consisten esos intereses para la persona en todas sus dimensiones: es preciso pensar en los demás. Si solo estamos centrados en nuestros intereses, convertimos nuestra actuación en manifestaciones de egoísmo. Las personalidades que se dejan llevar por sus ansias de exhibicionismo y narcisismo acompañadas de palabras grandilocuentes, con tintes de generosidad e incluso de heroicidad, pero faltos de virtudes, no quieren oír hablar de reforma del carácter y algún día, a pesar de los éxitos que hayan podido alcanzar, estallará con plena potencia esa neurosis que siempre estuvo agazapada dentro de ellos.

Por el contrario, buscar el bien común es sinónimo de ser capaz de actuar en beneficio de su empresa y de la sociedad, y de motivar a otros para que obren del mismo modo. Si el líder no influye en las motivaciones que tienen los otros para optar por el bien, no es un verdadero líder.

Las pasiones —que pueden ser buenas o malas según el fin que persigan y los medios de los que se valgan— tie-

9. Werner Jaeger, *op. cit.*, pp. 20-29.

nen un papel positivo en el actuar humano y se deben integrar en él como principios de acción. Quien no mantiene en armonía sus pasiones no actúa por los valores éticos, sino por egoísmo. Entonces, se deja conducir tan solo por la perspectiva reducida de sus pasiones, en vez de ponerse en el lugar de la realidad objetiva.

Capítulo VIII

Séptimo descubrimiento: la prudencia perfecciona la capacidad ejecutiva del ser humano

> El que es prudente es moderado; el que es moderado es constante; el que es constante es imperturbable; el que es imperturbable vive sin tristeza; el que vive sin tristeza es feliz; luego el prudente es feliz.
>
> Séneca

¿Qué es la prudencia?

El prudente es competente porque se esfuerza por adquirir la mayor competencia posible y, al mismo tiempo, sabe poner esa competencia al servicio de lo bueno para el ser humano. La prudencia es la virtud a través de la cual elegimos el bien en cada caso concreto. La prudencia perfecciona la capacidad ejecutiva de las personas[1].

Todos tenemos por naturaleza una cierta habilidad o destreza de la razón para encontrar los diferentes caminos que conducen a un fin. Sin embargo, esta destreza es una disposición natural que unos poseen más que otros, y esto todavía no es la prudencia, pues puede ser también astucia o actuación refinada para el mal. Existe una prudencia meramente aparente como, por ejemplo, la de un hábil defraudador de impuestos.

También se puede proceder muy «prudentemente» al robar un banco o al cometer alguna otra fechoría. Esta «prudencia de la carne» no es, sin embargo, virtud alguna por más que vaya unida a una gran capacidad o habilidad práctica, pues no ayuda a ser una buena persona. Es simple cautela o, peor, astucia.

La astucia es falsa prudencia. Es la actuación táctica que defiende los propios intereses con egoísmo, por encima de todo. Se puede llegar a un fin recto por caminos falsos y torcidos. Pero el sentido de la prudencia es andar cabalmente por vías verdaderas, sin simulación, engaño o deslealtad.

La verdadera prudencia es la destreza de la razón para el bien. Pero aún hemos de precisar más. De un líder se puede decir que es un buen negociante, pues gracias a sus

---

1. Josef Pieper, *Las virtudes fundamentales*, Rialp, Madrid, 1990, pp. 33-82.

decisiones prudentes se ha podido sanear su empresa. Pero esta no es la virtud de la prudencia a la que nos venimos refiriendo.

La verdadera virtud de la prudencia es la que tiende a aquellos objetivos que son relevantes para la vida considerada como un todo, como vida humana. Es la sabiduría acerca de las cosas humanas que conduce a la vida lograda.

En el prudente siempre es correcto también el para qué. El prudente es la buena persona por excelencia, es el virtuoso. Aquel que en el actuar, en el juicio de acción acerca del bien, no se equivoca, sino que acierta con el término medio conforme a la razón. El prudente tiene el arte de saber discernir, aunque algunas veces acierte y otras se equivoque se da cuenta de cuándo lo hace. Al saber que se equivoca, vive en la verdad y, por tanto, equivocarse no le impide ser virtuoso. Así entendemos una vez más que ser virtuoso no quiere decir ser impecable ni infalible[2].

Vertientes de la prudencia

Un análisis un poco más detallado de la virtud de la prudencia nos permite distinguir dos vertientes. En primer lugar, su dimensión cognoscitiva. En segundo lugar, su

2. Alfred Sonnenfeld, *Du kannst es schaffen*, Adamas Verlag, Colonia, 2000, pp. 91-94. En este libro hago un elogio de las imperfecciones humanas y, sobre todo, hablo de cómo gestionarlas.

dimensión imperativa o ejecutiva. La primera se encara con la realidad objetiva, mientras que la otra apunta a la realización del bien. Veamos esto con más detalle.

La prudencia como conocimiento de la concreta situación en que se mueve la acción particular implica, ante todo, la facultad de apreciar la realidad objetiva y de guardarla en la memoria, siendo fiel a las exigencias del ser. La fidelidad de la memoria al ser quiere decir que dicha facultad «guarda» en su interior las cosas y acontecimientos reales tal como son y sucedieron en realidad.

La deformación o falseamiento del recuerdo, en oposición a lo real, mediante el sí o el no de la voluntad, constituye la más típica forma de perversión de la prudencia, pues contradice su sentido primordial, es decir, el ser «recipiente» en el que se guarda la verdad de las cosas reales. Es precisamente en la memoria donde la verdad de las cosas reales puede ser falseada de un modo muy sutil por influjo de la voluntad.

Esta tergiversación de la memoria es el modo más peligroso a través del cual se pueden introducir de manera casi imperceptible los diferentes «intereses» subjetivos e injustos, valiéndose para ello de retoques perspicaces y sagaces, así como de variaciones sutiles, de dilaciones o de omisiones que entorpecen considerablemente la acción prudente. De ahí la gran importancia del «conócete a ti mismo».

La virtud de la prudencia está muy lejos de la imagen ingenua de un saber discreto. Como ocurre con las demás virtudes, la prudencia apunta a un bien arduo (difícil de alcanzar) que se adquiere por la repetición de actos buenos y que en el idioma alemán se expresa con la frase «an sich selbst arbeiten», es decir, 'trabajar en uno mismo'.

Interesa ahora considerar otro de los elementos de esta virtud: la *docilitas,* que no debe entenderse como docilidad inconsciente del escolar, sino como la propia del hombre maduro que sabe escuchar y además sabe dejarse decir algo. Esta es una nota importante que indica una voluntad con deseo real de conocer la realidad de las cosas. El prudente no solo es fiel a la memoria; además, está siempre dispuesto a aprender (que eso significa *docilitas*).

Pedir consejo es propio de la conducta prudente. Es bien conocido que a Ulises, el héroe de la célebre epopeya de Homero, la *Odisea*, nunca le falta el consejo inteligente. No le falta ni a él ni a su hijo Telémaco. La auténtica educación interior se revela en una sociedad en la cual la conducta distinguida se tiene en la más alta estima. La conducta vergonzosa de los pretendientes de Penélope, la mujer de Ulises, el gran ausente de su casa familiar, es constantemente estigmatizada como una ignominia no solo para ellos, sino también para los de su clase. Además, esta conducta será a la postre severamente expiada. En la *Odisea*, Homero deja palpitar su corazón con empatía para los hombres que representan la *areté*, la nobleza y belleza en su actuar. El actuar virtuoso produce la transformación de Telémaco, que pasa de ser un joven indeciso a ser un héroe a través de una *charis*, es decir, de una gracia divina[3].

---

3. Werner Jaeger, *op. cit.*, p. 48.

La conciencia y la acción educadora de los griegos en sus más altos momentos son plenamente conscientes de este elemento imponderable que es la ayuda divina. Pero de capital importancia es también la figura de Mentor, que acompaña a Telémaco de camino a Pilos y Esparta. Mentor le ayuda en todo momento con sus consejos y advertencias, estableciéndose entre ambos, maestro y discípulo, una buena relación que inspiró a Fénelon para escribir su obra titulada *Telémaco*. Hoy existen numerosos artículos sobre lo que en inglés se denomina *mentoring*, e, incluso, cursos en instituciones reconocidas para formar mentores «de calidad». El mentor es el adulto entrenado y reflexivo, el sénior que acompaña y aconseja, el maestro-amigo que enseña cuáles son los obstáculos y dificultades, cómo enfrentarse a los problemas y poner prioridades, como crecer en los fracasos y no acabar desorientado con los éxitos.

La actitud contraria a la de pedir consejo es la propia de quien se caracteriza por pensar que «todo lo sabe mejor que los demás» y tiene la manía de querer llevar siempre la razón. Estos son dos modos diferentes de cerrarse a la verdad de las cosas.

El prudente tiene la capacidad de actuar objetivamente ante situaciones inesperadas. La *solertia* es una facultad perfectiva por la que el hombre, ante una situación difícil e inminente, vence toda tentación de autojustificación, cobardía o intemperancia. En una palabra: no pierde los nervios. No sucumbe ante las múltiples formas de neurosis, es flexible y trabaja en servicio del bien común, lo que conlleva también que actúe en servicio del verdadero bien de las personas, es decir, en favor de la persona considerada en su totalidad.

Veamos ahora la dimensión ejecutiva o imperativa de la prudencia. Habíamos considerado que uno de los resultados más inmediatos de la ética es que establece cómo un ser humano tiene que ir aprendiendo a valorar la realidad sin dejarse cegar por apariencias superficiales. Pero el saber moral y la valoración de la realidad no bastan para hacer a una persona prudente.

Consideremos de nuevo el auténtico núcleo de la definición de la virtud en general y de la prudencia en particular. La virtud moral es un hábito electivo. El acto de elegir es un acto de la voluntad, que será bueno cuando sean buenas tanto la elección de los medios como la intención del fin. De lo contrario, no sería otra cosa que destreza o habilidad para encontrar los caminos más eficientes que lleven a obtener los fines.

La palabra *phronesis* (la virtud de la prudencia en griego) designa un saber infalible acerca del bien, no por estar ilustrado por la metafísica u otra disciplina filosófica sino, como ya hemos apuntado con anterioridad, a causa de cierta connaturalidad afectiva con el bien. Esto es lo que afirma Aristóteles en su *Ética a Nicómaco*.

Con tal motivo, esta virtud nos ayuda a emitir un juicio aquí y ahora que siempre será bueno. Ese es el significado de la afirmación de que en el prudente siempre es correcto también el para qué.

Recapitulación

La persona prudente se esfuerza por hacer las cosas bien, eligiendo lo mejor para él y para los demás a través del mejor camino posible. La prudencia no es solo la habilidad para hacer algo (como robar bien) ni la astucia para conseguir lo que se desea.

El prudente es la persona buena por excelencia, el virtuoso. Aquel que tiene el arte de saber discernir. Sabe detectar que se ha equivocado para rectificar y emprender de nuevo el camino. La virtud de la prudencia tiende a aquellos objetivos que poseen relevancia para la vida como un todo, como vida humana, es decir, para llevar una vida lograda. La prudencia es la sabiduría en las cosas humanas. En el prudente siempre es correcto también el para qué.

Capítulo IX

Octavo descubrimiento: el líder tiene espíritu de servicio y, por eso, sabe servir

> El amor no puede permanecer en sí mismo. No tiene sentido. El amor tiene que ponerse en acción. Esa actividad nos llevará al servicio.
>
> Madre Teresa

Hacia un liderazgo de servicio

Al comenzar nuestras reflexiones, acordamos que el liderazgo es el arte de influir sobre las personas para que trabajen con ilusión en la consecución de fines que merezcan la pena. Hemos subrayado también la influencia tan grande que generalmente ejerce en la vida de una persona la figura de la madre. A nadie se le ocurre hacer un chiste sobre Teresa de Calcuta, universalmente conocida como Madre Teresa y canonizada en diciembre del año 2016. Ello se debe a la enorme autoridad de la que estaba dotado su liderazgo ético, reconocido, sin duda alguna, en el mundo entero.

Si nos preguntásemos por qué Madre Teresa disfrutaba ya en vida de semejante prestigio, o por qué gozaba de ese crédito tan indiscutido a ojos de millones de personas diferentes, la respuesta podría ser así de simple: fue una mujer que dedicó su vida a servir a los demás.

De la misma manera, al reflexionar sobre el hecho de que uno de nuestros modelos de autoridad sea la figura materna, concluimos que ello se debe, sencilla y llanamente, a que una madre, con su vida entregada, se ha ganado esa autoridad. Raro es el caso del hombre que no pueda reconocer en su madre a esa persona entrañable que no solo lo dio a la vida, sino que, además, se le ha entregado abnegadamente, sin buscarse a sí misma y sirviéndole de mil maneras a lo largo del tiempo.

¿Cuántas veces, sin embargo, las personas eluden esta actitud de servicio bien porque temen rebajarse, bien porque confunden servicio y esclavitud o ya sea por la divinización de una concepción equivocada de la libertad?

«Servir» puede definirse como 'estar al servicio de otro', 'estar empleado en la ejecución de una cosa por mandato de otro', o bien como 'estar sujeto a otro por cualquier motivo, aunque sea voluntariamente, haciendo lo que él quiere o dispone'. Desde la perspectiva del lenguaje común, *servir* hace referencia principalmente al mandato de otro, a la dependencia de lo que otro dispone. En este sentido, es comprensible que hayan predominado las connotaciones negativas de la palabra y que resultan de los significados de términos como *siervo*, *servidumbre*, *servir*... Y es también común que, en la misma medida, recaiga el acento sobre los aspectos menos positivos del servicio a los demás.

Considerado en clave histórica, el «servir» —como actividad habitual, como forma de existencia y de trabajo— era casi exclusivamente aplicable, antes del anuncio del Evangelio, a la condición del inferior respecto del superior y traslucía, sobre todo, un significado de sometimiento y dependencia. El término *siervo* —cercano en su significado al de *esclavo* ('persona que, por estar bajo el dominio de otra, carece de libertad')— era un título de inferioridad, no solo social, sino incluso personal y acarreaba una evidente carga peyorativa[1].

El cristianismo viene a enriquecer la noción de persona y de su dignidad, y cambia radicalmente el sentido profundo que posee la acción de servicio a los demás en la medida en que pasa a entenderse como disposición personal loable y deseable, propia de quienes quieren seguir en todo la enseñanza y el ejemplo de Jesucristo.

Quien mejor personifica esta disposición de servir es, efectivamente, Jesús de Nazaret. Él mismo desveló el sen-

---

1. Joan Baptista Torelló, *Psicología abierta*, Rialp, Madrid, 2003, pp. 14-119.

tido de su existencia en la tierra con una frase lapidaria: «No vine a ser servido, sino a servir». Reveló así el significado de la vida del hombre. Servir no fue un aspecto más de la existencia humana de Jesucristo, sino la clave esencial de su vivir cotidiano.

Es precisamente en el servir donde se revela el señorío de una persona. La palabra *ministro* significa 'servidor'. El sumo pontífice es el siervo de los siervos de Dios (*servus servorum Dei*). Los cristianos difuntos que se supone que han vivido heroicamente las virtudes reciben el apelativo de «siervos de Dios».

Servir exige esfuerzo, sobre todo interior

En cada uno de nosotros, la actitud de negarse a servir situando el propio yo en el centro de toda acción constituye la raíz del narcisismo, que fácilmente puede conducir a una estrechez existencial y a múltiples formas de desequilibrio del carácter.

El narcisismo es, sin duda, una enfermedad de nuestro tiempo que está en alza, pero que implica una distorsión no irreparable ya que puede y debe superarse tratando de pensar más en los demás que en uno mismo, intentando no poner el interés al servicio del ávido yo, sino al servicio de una correcta escala de valores.

Podemos estar sujetos por tres ataduras que caracterizan al narcisista: la idealización sutil del yo, el desprecio silencioso de los demás y la permanencia del narcisista en el inmanentismo sin poner los medios para trascenderse.

Querer rectificar la intención es una cualidad que nos lleva a emprender muchas tareas en beneficio de los demás, y esta actitud de enderezar nuestra intención hacia el bien de los demás tiene manifestaciones muy prácticas en las cotidianas relaciones de convivencia. Se trata de tener pequeños detalles, por ejemplo, calcular cuánto se puede servir uno de una fuente que ha de llegar también a otros sentados a la misma mesa; no tomar la mejor parte al servirse el primero; tener la preocupación de afrontar los propios gastos sin que recaigan injustamente sobre otros; saber adelantarse con la disposición de descargar de trabajo a un compañero y de hacérselo más llevadero; agradecer las deferencias de que uno pueda ser objeto, prescindiendo de caprichos innecesarios.

Cuando los intereses propios se encauzan únicamente desde una perspectiva egocéntrica entonces no se puede vivir en armonía con los demás. Si cada cual se ocupa tan solo de sus gustos es imposible superar la contraposición de intereses. Con tales planteamientos, los interesados actuarían siempre como los niños pequeños: «Yo quiero esto» o «Yo quiero aquello»... y no acabarían nunca de superar su inmadurez infantil.

Ahora bien, diariamente llegan a buen término muchos acuerdos y convenios gracias a que los interesados no solo se rigen por los intereses que están en juego, sino también por «lo que de verdad interesa». Si, por ejemplo, colisionan los derechos de fumadores y no fumadores en una misma habitación y el conflicto se resuelve a favor de los no fumadores, ello no ocurre porque estos sean mejores personas, sino porque el valor al que apelan los no fumadores tiene preferencia sobre el placer de fumar. Y el fumador se somete a este juicio, aun cuando le desagrade, por la sencilla razón de que comprende que es justo.

Si uno se niega a actuar con rectitud de intención, y se desentiende de servir al prójimo, se precipita en el abismo de lo banal y lo mezquino, se aleja de la realidad existencial y, con ello, se empobrece como ser humano, encaminándose hacia el áspero sendero que fácilmente conduce a la enfermedad del narcisismo. A los narcisistas se los reconoce por su falta de humanidad. Veamos con más detalle este proceso, ya que, de no hacerlo, podría darse la falsa impresión de que deducimos que a un defecto moral le sigue una enfermedad, como el efecto sigue a su causa.

Joan Baptista Torello[2] describe magistralmente la dinámica del egocentrismo apoyándose en la exposición de Fritz Künkel y en las argumentaciones de Rudolf Allers y Viktor Frankl. De sus reflexiones se concluye que el egocéntrico no sirve a un ideal: se mira continuamente a sí mismo. Solo es capaz de mirar hacia la meta que se ha forjado en su yo. El egocéntrico sacrifica todo con tal de conseguir sus fines personales, sin importarle de qué índo-

2. Joan Baptista Torelló, *Psicología y vida espiritual*, Rialp, Madrid, 2008, pp. 110-127.

le sean: ser rico, poderoso, etc. El motor de su vida es un yo idealizado y, por tanto, utópico.

Adler llama sentimiento de inferioridad al sentimiento de lejanía del «yo ideal» y voluntad de poder, parafraseando a Nietzsche, a la tendencia a acercarse a este. Cuanto mayor es su egocentrismo, tanto más siente la persona la distancia del «yo ideal». Al faltarle la auténtica grandeza, se altera con facilidad y la ceguera respecto al bien objetivo se va haciendo cada vez mayor. Por el contrario, la persona auténticamente grande, es decir, la que sabe actuar con el señorío de servir, no se altera, se mantiene equilibrada.

Volvemos, pues, a percibir la importancia que tiene el esfuerzo por examinarse a uno mismo. La labor de examen nos ayuda a desenmascarar las múltiples desfiguraciones del amor desordenado hacia nosotros mismos y a derribar los montajes que hayamos podido forjar en torno a nuestro propio yo.

La inclinación al examen personal y el hecho de dejarse asesorar por una persona equilibrada a la que se está dispuesta a escuchar, aunque pueda doler o molestar lo que nos dice, son requisitos importantes para mantener la elasticidad y la libertad interiores[3]. El egocéntrico pierde estas dos cualidades, pues se hace interiormente esclavo de los

---

3. Es conocida la estrecha amistad que unió a los grandes poetas alemanes Goethe y Schiller. Goethe no se cansaba de ponderar cuán enriquecedor le resultó disfrutar de la amistad de Schiller, quien le iluminaba en la difícil tarea de discernir entre los problemas reales y las meras complicaciones sin base real. Cf. al respecto, Rüdiger Safranski,

impulsos morbosos y tiránicos de su adorado yo. De este modo, se autointoxica psíquicamente, con el riesgo de caer en la neurosis, cuyas manifestaciones más habituales son la angustia y el sentido de culpa. La neurosis, en cuya base se encuentra una pulsión egocéntrica, una fijación del yo que impide su desarrollo hacia la madurez, pone de manifiesto, como ya hemos señalado páginas atrás, un modo equivocado de estar en el mundo.

La persona objetiva, realista —humilde, en definitiva— es fundamentalmente elástica, capaz de adaptarse a las diversas contingencias de la vida porque tiene continuamente presentes los fines esenciales de la existencia. Cuando un fin se vuelve inalcanzable, se pregunta a qué fin superior se subordinaba aquel y descubre así nuevas posibilidades de acción o de actitud. Es esa persona que no se descorazona y sabe dar contestación al «para qué» de cada momento. De este modo, ni el fracaso hunde al hombre maduro ni el éxito lo lleva a envanecerse.

El psiquiatra y escritor norteamericano Karl Menninger vivió casi hasta los cien años de edad y antes de morir, en 1990, le preguntaron qué le recomendaría a una persona que sufriera una depresión nerviosa. Él contestó: «Salga de su casa, cruce las vías del ferrocarril, encuentre a alguien necesitado y haga algo por él. Libérese del yo por un tiempo, y empezará a sentirse mucho mejor».

Goethe & Schiller. Geschichte einer Freundschaft, Carl Hanser Verlag, Múnich, 2009.

Desprenderse del «yo adorado»

Para ser buenas personas, y también líderes eficaces, tenemos que superar ese problema del ego («yo primero»). El carácter de un niño de dos años podría resumirse con dos palabras: «¡Primero yo!». ¡Cuántos ejecutivos y gerentes todavía no han superado los dos años de edad; gente a la que lo único que importa son sus necesidades, sus deseos, sus anhelos, sus asuntos, su niño interno: ¡yo, yo, y nada más que yo!

Figuras históricas como la de Adolf Hitler han suscitado durante décadas un intenso debate sobre si realmente han actuado como líderes. Quienes defienden a personajes como el dictador nazi aluden a su capacidad de movilizar a la gente, a su oratoria y a sus dotes visionarias.

Sin embargo, con el paso del tiempo se ha llegado a una conclusión de consenso surgida a raíz de las consideraciones de Robert Greenleaf, fundador del movimiento del *Servant Leadership*, que explica de esta manera:

> Un nuevo principio moral está emergiendo; sostiene que la única autoridad que merece lealtad es aquella que garantiza, de forma libre y expresa, la dirección de un líder en respuesta y en proporción a la evidencia de la condición de servidor que muestre ese líder. Quienes eligen seguir este principio no aceptarán sin más la autoridad de las instituciones existentes, sino que responderán libremente solo ante individuos a quienes se ha elegido líderes porque han demostrado ser servidores fiables. Si este principio preva-

lece en el futuro, las únicas instituciones verdaderamente viables serán las que estén predominantemente dirigidas por servidores[4].

Servir y sacrificarse por los demás es algo que se puede lograr de muchas maneras. Estas diferentes formas de servir las iremos descubriendo al identificar y atender las necesidades legítimas de los demás, es decir: sirviéndoles. Si examinamos nuestra conducta, quizás descubriremos que hemos de aprender a sacrificar nuestro amor propio, nuestra ansia de poder o nuestro orgullo. Percibiremos que debemos moderar nuestra necesidad excesiva de sentirnos queridos o nuestro afán de tener todas las respuestas, de quedar bien, de tener siempre la razón. O nos daremos cuenta, más bien al contrario, de que lo que tenemos que superar es la mala costumbre de querer evitar siempre, a toda costa, el conflicto.

Cuando servimos a los otros sabremos perdonar y reconocer su mérito. Cuando nos esforzamos en beneficio de los demás asumimos el riesgo de hacernos vulnerables y resultar rechazados, de ser menospreciados e, incluso, de sentirnos defraudados.

La falta de generosidad y gratuidad constituyen muchas veces el origen principal de la decepción. A veces se da y, a cambio, no se recibe nada; pero, si no se da, poco o nada se puede esperar. Un mínimo de generosidad es absolutamen-

---

4. Robert K. Greenleaf, *The Servant as Leader, Servant Leadership: A Journey into the Nature of Legitimate Power and Greatness*, Paulist Press, Mahwah (NJ), 2002, pp. 23-24.

te necesario en toda relación personal, si ha de ser fecunda y enriquecedora.

Ciertamente, los negocios, los contratos son básicos y su aforismo preferido es *do ut des* ('te doy para que tú me des'). Y, cuando las empresas realizan donaciones, no pocas veces lo hacen con el fin de granjearse una buena imagen social. Pero, con esta afirmación no se pretende restar importancia a los contratos y transacciones comerciales, sino señalar que, si pretendemos ser auténticamente humanos y, por lo tanto, buenos líderes, hemos de dar espacio al principio de gratuidad como expresión de la fraternidad. Es decir, la lógica del don no excluye la justicia, pero también es cierto que sin formas internas de solidaridad y de confianza recíproca el mercado no puede cumplir plenamente su propia función económica.

A lo que acabamos de decir se suman las aportaciones de los tres premios Nobel de Economía del año 2019, Abhijit Banerjee, Esther Duflo y Michael Kremer, con sus enfoques experimentales para reducir la pobreza en el mundo. En su tesis aseguran que la lucha contra la pobreza se basa en la evidencia científica, ya que como dice la francesa Esther Duflo, «a menudo los pobres son reducidos a meras caricaturas, e incluso aquellos que intentan ayudarles no comprenden las raíces profundas de lo que les empobrece»[5]. En este contexto, repetimos, si somos gene-

5. Abhijit V. Banerjee y Esther Duflo, *Good Economics for Hard Times*, PublicAffairs, Nueva York, 2019.

rosos y tratamos de hacer el bien, nos irá mejor, sencillamente por la tendencia del ser humano a la cooperación, a ayudar a otras personas y a contribuir a la justicia. Y esta motivación global básica está firmemente anclada en la biología humana[6].

Una forma extrema de falta de generosidad es la envidia. En su forma más pronunciada, la envidia se convierte en un factor destructor que hace imposible toda relación positiva e íntima con otra persona. La envidia, como un obstáculo insalvable, se interpone entre las personas y conduce irremisiblemente a la negación de quien es envidiado, cuya sola existencia es motivo de infelicidad para el envidioso.

La decepción que se funda en las condiciones de alguien, o en su conducta, puede ser inevitable y justificada. Quizás una persona en la que hemos confiado haya podido comportarse de manera incoherente o superficial. Pero reaccionar ante los fallos patentes de esa persona que nos ha defraudado «borrándola» o «dándola de baja» es un error, pues no tenemos que olvidar su condición humana: libre, falible y perfectible. Hemos de comprender que existe la posibilidad del arrepentimiento, y que

---

6. Martin A. Nowak, Corina E. Tarnita y Edward O. Wilson, «The Evolution of Eusociality», en *Nature*, 466, 2010, pp. 1057-1062. Véase además, Golnaz Tabibinia, Ajay B. Satpute y Matthew D. Lieberman, «The Sunny Side of Fairness. Preference for Fairness Activates Reward Circuitry», en *Psychological Science*, 19, 2008, pp. 339-347, y también Joachim Bauer, *Schmerzgrenze*, *op. cit.*, 2013.

este tiene un fundamento antropológico. Palabras como *conversión* y *arrepentimiento* apuntan, precisamente, hacia la posibilidad que tiene el hombre de cambiar y de mejorar.

C. S. Lewis escribe[7] que siempre le pareció un horror eso de que se debe odiar el pecado, pero no al pecador, hasta que un día descubrió que había realmente una persona en la tierra con la que lo había practicado toda su vida: él mismo.

Una forma sublime de servir consiste en dar nuevas oportunidades a aquellos que nos han defraudado, pues hay que creer que las personas pueden mejorar. Recordemos el ejemplo de la mujer de Dostoievski, que no se desespera ante la adicción de su marido al juego. El famoso escritor malgastó su dinero innumerables veces, pero su mujer no dejó de creer en la posibilidad de que cambiase, tal y como sucedió al final de su vida.

Cada uno de nosotros tiene la capacidad de provocar un cambio en la vida de otra persona, y tal capacidad se da con más facilidad en aquellas personas que se encuentran en posiciones de liderazgo.

Desafortunadamente, muchas personas que ocupan puestos de liderazgo piensan que su condición de líderes les otorga el derecho a ser servidas. Por el contrario, Peter Drucker afirma que «ningún líder de gran mérito se dejará llevar en andas».

---

7. C. S. Lewis, *Christian Behaviour*, Geoffrey Bles, Londres, 1943, p. 43.

Ana Frank, que murió en un campo de concentración, abordó elocuentemente este tema cuando dijo: «Qué maravilloso sería que nadie tuviera que esperar un solo momento antes de empezar a mejorar el mundo».

Al sacrificarnos por los demás prestándoles toda clase de servicios estamos forjando nuestra autoridad. La autoridad siempre se funda en el servicio y en el sacrificio por aquellos que dirigimos. Este servicio, a su vez, comporta la identificación y satisfacción de las legítimas necesidades de los otros.

El psiquiatra Eugen Minkowsky consideraba que «la vida está hecha para la entrega». Sin embargo, este don de sí que constituye un encontrarse al perderse nos asusta, porque todos amamos las seguridades palpables y tendemos a prevenir cualquier riesgo. Pero lo que precisamente hay que asumir es el riesgo, convirtiéndolo en un reto que nos anime a dejar de chapotear en la orilla y a remar mar adentro. Así, descubriremos nuevos horizontes, nuevas tierras que hasta el momento nos son desconocidas, pues «quien no arriesga, no gana».

La maduración de la persona va ligada a la entrega, al don de sí mismo, a ese modo audaz de estar en el mundo.

Recapitulación

En un liderazgo ético mandar es sinónimo de servir. Quien no sirve a los demás (en los muchos aspectos que el servicio tiene), acaba sirviéndose de ellos. Esto supone un desequilibrio que es enemigo de la autoridad. Es casi imposible encontrar un buen líder que no haya sido un buen servidor de una causa, de otras personas y del bien común.

El servicio engrandece al hombre que lo practica porque lleva consigo una gran capacidad de vencerse a sí mismo y un aprecio grande a los demás. El «mandado» o el «observador» de quien sirve entiende que esa persona no se mueve por intereses personales, que dentro de ella anida algo que la justifica.

Desde una óptica que tenga en cuenta toda la existencia humana —incluida la espiritual o religiosa— es más fácil entender los motivos por los que servir. En realidad, cuando se pierde la visión trascendente de la persona resulta difícil dar sentido al «para qué» de los logros en servicio de los demás. Descubrir estas acciones generosas como una realidad de gran eficacia a largo plazo, dignifica sobre todo a quien las presta, al tiempo que capacita para un liderazgo eficaz.

Capítulo X

Noveno descubrimiento: el liderazgo requiere aprender a amar

> ¿Qué son todas las acciones y los pensamientos de los hombres a lo largo de los siglos frente a un solo instante de amor?
>
> Friedrich Hölderlin

El motor eficaz de nuestro obrar

Una vez más tenemos que recurrir al ejemplo de la Madre Teresa de Calcuta. Al contemplarla en su deseo de servir a los moribundos abandonados en medio del ajetreo de las calles, nos preguntamos ahora por la motivación intrínseca de su entrega desinteresada. Hay aquí algo realmente nuevo y distinto que no podemos reducir fácilmente a un mismo denominador común con la amistad, la simpatía, el equilibrio del carácter, el afecto, etc.

Lo que mueve a la Madre Teresa a trabajar por los abandonados y despreciados solo se puede expresar con una palabra: *amor*.

Aquí identificamos, por fin, el verdadero motor de nuestras acciones, la fuerza que, sin desfallecer, nos empuja hacia esa meta de llegar a ser un buen líder. Cuanto más amor ponemos en nuestras acciones, mayor bien hacemos a los demás y, en consecuencia, mejores personas nos vamos haciendo. Es decir, que sin temor puede afirmarse que el mejoramiento ético de una persona depende de sus acciones libremente orientadas a ayudar a otras.

Un requisito elemental, pero imprescindible, para poder ayudar de manera efectiva a los demás es saber escuchar. El buen líder no solamente sabe oír y percatarse de las dimensiones externas de las situaciones, no solamente sabe percibir y transmitir instrucciones más o menos despersonalizadas. Como quiere lo mejor para aquellos a quienes tiene a su cargo —o, digámoslo sencillamente, porque los quiere—, es capaz de ponerse en la piel del otro. Así, de manera natural, hace posible que brote la empatía, incluso entre personas de caracteres muy diferentes. La verdadera empatía, que está más allá de las primeras impresiones y de la mera pulsión, intenta comprender las razones del otro. Entonces es cuando acaba surgiendo ese *feeling*, esa participación afectiva que facilita entrar en sintonía, a pesar de las diferencias, a veces notables y manifiestas, de modos de ser. Según Daniel Goleman, «la empatía sostiene las raíces de la moral: la capacidad de ponernos en el lugar del otro es, en última instancia, el fundamento de la actitud ética»[1].

El buen líder antepone a cualquier otra cosa la seguridad de las personas que se hallan a su cargo. Todavía hoy se ofrece como ejemplo de liderazgo la actuación heroica del legendario explorador Ernest Shackleton[2]. A bordo del célebre Endurance, partió Shackleton con sus hombres rumbo al Polo Sur. Atrapados en el hielo, se vieron obligados a abandonar el barco e iniciar un penoso viaje que los condujo hasta la isla Elefante. Allí tuvo Shackleton que tomar una decisión sin vuelta atrás: partir en busca de ayuda, acompañado de cinco de sus hombres. En la isla quedaban otros veintidós, cuya vida estaba en manos del éxito de sus compañeros. Shackleton, tras una navegación arriesgadísima en un minúsculo bote y una marcha extenuante con apenas lo justo para sobrevivir, alcanzó su objetivo y pudo regresar a por al resto de su tripulación, a la que consiguió rescatar, en condiciones dificilísimas, después de sobreponerse a tres intentos fallidos. El hecho es que Shackleton, sabiendo prescindir de aquello que no le era necesario, logró salvar a todos sus hombres, demostrando que la austeridad no tiene por qué estar reñida con la inteligencia. Esta es, al final, la facultad que permite dis-

---

1. Daniel Goleman, *Emotional Intelligence. Why it can matter more than IQ*, Random House, Nueva York, Toronto, Londres, Sidney, Auckland, 1997, pp. 96-110.

2. Caroline Alexander, *Atrapados en el hielo. La legendaria expedición a la Antártida de Shackleton*, Planeta, Barcelona, 2005.

tinguir objetos ostentosos y prescindibles de aquellos otros que, aun pareciendo merecer tales calificativos, son, sin embargo, casi imprescindibles[3]. De entre todas las enormes cualidades de Shackleton, poner la salvación y el bienestar de sus hombres en un primer e innegociable plano, a pesar de ser un aventurero amante de la gloria, es la virtud que más le distingue. Años después, cuando Shackleton era invitado a dar conferencias por todo el mundo sobre su épico viaje, no dejaba de elogiar con palabras de profundo afecto y reconocimiento a todo su equipo:

> Las palabras no pueden hacer justicia al coraje y alegría de mis hombres. Ser bravo, paciente y amable de corazón, soportar la agonía de la sed con risas y cánticos, caminar al lado de la muerte durante meses y no estar triste, ese es el espíritu de mis hombres. Los admiro y respeto profundamente[4].

El buen liderazgo anima a pensar a lo grande, a alzar la vista y divisar un horizonte mejor, en el que caben todos, a no regatear miserablemente la abundancia material y espiritual que se nos ha regalado. Shackleton ha sabido, tal como es propio de un líder con excelencia, invitar, animar, inspirar y entusiasmar y, de ese modo, ha sacado lo mejor de cada persona. Por eso pervive en el recuerdo de sus

---

3. Santiago Álvarez de Mon Pan de Soraluce, *Desde la adversidad*, Pearson España, Madrid, 2006, pp. 243-244.

4. *Ibidem*, pp. 244-245.

hombres y por eso su figura, como la de los clásicos de la literatura y de la música, se agiganta con el tiempo. ¿Quiénes son sus agentes de *marketing*?, ¿quiénes sus asesores de imagen? Unos valores tan sencillos como accesibles; unos principios tan fiables que aseguran con creces el rendimiento de la inversión realizada en ellos.

Demasiadas personas creen poder vivir únicamente en la esfera del rendimiento material, y no se pueden imaginar que se las acepte o estime si no se coronan con el éxito. No llegan a comprender que alguien las pueda amar por lo que son y, de hecho, se afanan día tras día en «comprar» el afecto del prójimo.

De acuerdo con las reflexiones de Josef Pieper[5], el amor, y solo el amor, es lo que tiene que estar en orden para que todo el ser humano lo esté y, en consecuencia, pueda decirse que es bueno. Cuando amo y digo: «¡Qué bueno es que tú existas!», estoy afirmando que el yo quiere ante todo la existencia del tú. Es decir, que el que ama se compromete con la existencia del amado. Así se entiende que el amor sobrepase en mucho a la justicia. Sería una grave falta de caridad no vivir las exigencias de la justicia, pero la sola justicia no basta. Cuando la justicia se desvincula de la caridad fácilmente degenera en deber por el deber, es decir, carece de la motivación profunda del amor. Sin embargo, si es el amor lo que guía a la persona, entonces la verdadera caridad continuará fortaleciendo e impul-

5. Josef Pieper, *op. cit.*, pp. 417-551.

sando su sentido de la justicia incluso en los momentos más difíciles, aquellos en los que sería posible sustraerse del cumplimiento de la ley en aras de un beneficio injusto.

Decía Maurice Blondel que es el amor, ante todo, lo que «hace ser», una fuerza que excluye la muerte, que protesta contra ella y la niega. Con el amor se está tomando partido decididamente por el amado. En su núcleo más profundo, lo que indican estas expresiones es una afirmación llena de agradecimiento por la existencia del otro, que remite a las palabras que, antes que cualquier hombre, pronunció Dios mismo: «Yo quiero que seas; es bueno, muy bueno que existas» (Génesis 1, 31). Por tanto, en virtud de su misma naturaleza, y de una forma irreversible, el amor humano no puede ser más que un correlato, una suerte de eco proyectado de ese amor de Dios.

Cómo se manifiesta el amor. Dejarse querer

Pero ¿a qué nos lleva el sabernos amados por un Dios amante? Una posible contestación nos la ofrece Pablo de Tarso cuando dice, en la primera carta a los Corintios[6], que el amor verdadero es paciente, es amable; no es envidioso, no obra con soberbia, no se jacta (es humilde), no actúa indecorosamente (es respetuoso), no busca lo suyo (es desinteresado), no se irrita, no toma en cuenta el mal

---

6. Cf. cap. 13.

(es indulgente), no se regocija con la injusticia sino con la verdad (es honesto), es comprometido. El saberse querido de ese modo nos revitaliza interiormente y nos llena de ánimo en medio de las vicisitudes del trabajo ordinario.

Este florecer interior se reflejará de un modo muy concreto en que los trabajadores de un equipo desarrollen con mayor solidez el sentido de lealtad hacia la empresa, porque saberse querido contribuye a crear un entorno en el que predomina el «querer hacer» y no el «tener que hacer». Llevará también a que se sientan más identificados con los objetivos de la empresa, a que se intensifique el sentido de responsabilidad en la gestión de los asuntos, su compromiso con los objetivos de la compañía. Conseguir este ambiente es todo un reto para el líder, pero no cabe la menor duda de que solo con intentarlo seriamente la confianza interpersonal se acrecentará y la sinergia de equipo será más efectiva.

Cuando se nos dice de un modo auténtico: «¡Qué maravilla que estés en este mundo!», se da uno cuenta —como apunta Josef Pieper— de que la idea de una «capacidad creadora» del amor humano ha adquirido de repente un sentido nuevo y más profundo. Realmente, en el amor se sigue produciendo esa acción creativa divina y en él alcanza su consumación hasta tal punto que podemos llegar a comprender algo así como «te necesito para ser yo mismo». Naturalmente, una idea así podría dar lugar a equívocos si se toma de modo absoluto, pero lo que aquí se quiere resaltar es que solo aquella persona que actúa movida por el amor que proviene de otro consigue vivir arropada en medio del mundo y ayudar al sinfín de personas con las que convive, ya sea en su propia casa, en el trabajo, en su propia empresa o en cualquier sitio.

Precisamente por esto no conviene olvidar la tendencia que nos lleva en tantas ocasiones a resistirnos a ese amor creador que, sin sernos debido ni ser por nuestra parte merecido, está obrando en nosotros la existencia. A veces parece como si el ser humano sintiese repugnancia a dejarse agasajar. La frase «No acepto regalos» ofrece en ocasiones un siniestro parentesco con esta otra: «No quiero ser amado». Es la desgraciada tendencia a «no dejarse querer».

C. S. Lewis afirma que, aunque lo que necesitamos es el amor no merecido, esta es, sin embargo, la clase de amor que no deseamos. Queremos ser amados por nuestra inteligencia, por nuestra belleza, por nuestra liberalidad, simpatía o excelencia de dotes, pero el amor creador del «Primer Amante», como lo llama Dante, no encontró en nosotros nada de todo eso, pues antes de ser, éramos la pura nada.

El amor humano merece este nombre si es entrega gratuita y sin plazo. Si deja de serlo, se define, más bien, como un simple intercambio de servicios, de intereses o de cosas. Cuando entre dos personas que se aman se priorizan los derechos y deberes, se corre el peligro de olvidar lo más importante: el carácter de don incondicional y la correspondiente gratitud.

El final de nuestras reflexiones nos ha introducido en una nueva dimensión de la motivación que no es otra que el verdadero amar con obras: el amar que está dispuesto a servir, a sacrificarse, a escuchar, a perdonar. Hemos visto cómo los motivos son aquellas razones por las cuales se elige una acción concreta en lugar de otra. Esa decisión lleva al que ama, no pocas veces, por un camino arduo y difícil, por un sendero empinado y angosto, de descubrimiento en descubrimiento, hasta llegar al origen, a la fuente que nos suministra la sabiduría necesaria para decidir bien y alcanzar una vida plenamente lograda.

Amor y liderazgo

Ejercer con habilidad el liderazgo es una tarea difícil y tiene un coste. Convertirse en un líder con espíritu de servicio requiere una gran capacidad de motivación, información y praxis, como cualquier otra disciplina; sin embargo, no es algo que pueda simplemente aprenderse, como se aprende la contabilidad por partida doble o a hacer balances.

De lo dicho a lo largo de nuestras consideraciones se desprende que si pensamos que el directivo es «cualquiera que consigue dinero a corto plazo sin importar el precio que paguen él y la sociedad», entonces está claro que el «hacer negocios» y el «ser ético» son acciones inconciliables. Recordemos que, para Aristóteles, un directivo «no ético» es una pobre persona que está usando sus talentos para autodestruirse. Solo de forma secundaria menciona, a modo de corolario, que ese pobre ser humano en su proceso de autodestrucción también infligirá daño a otras personas. Pero Aristóteles añade enseguida que ese deterioro no es comparable con el daño real que una persona de comportamiento «no ético» se está haciendo a sí misma. Por tal motivo, resulta imprescindible que nos preguntemos acerca de la razón profunda y trascendente que guía nuestro actuar.

Antes habíamos aludido a la labor impagable de la Madre Teresa de Calcuta, una mujer cuya vida nos ahorra el esfuerzo de explicar mejor aquella exclamación de Josef Pieper en su excurso filosófico sobre el amor, a la que también hacíamos referencia: «¡Qué maravilloso es que tú existas!». Pues bien, el núcleo de donde se obtiene esa energía que permite darse sin limitaciones es el Primer Amante. La caridad, *ágape*, es el supremo amor que da al ser humano participación en el amor creador de Dios, lo que, en el Nuevo Testamento, se llama gracia. Liderar es servir por amor.

Conseguir que los demás triunfen

El que tiene bajo su responsabilidad la orientación y la buena marcha del trabajo de otras personas debe actuar con espíritu de servicio para saber abrir horizontes a los que tiene a su cargo y descubrir más fácilmente en esas personas los talentos que poseen. Asimismo, les facilitará los medios para que, cada vez más, cumplan su tarea con perfección y lleguen a alcanzar un sólido prestigio profesional.

El buen líder, aquel al que mueve la caridad, siente una pasión irrefrenable por hacer el bien, porque tiene en su interior algo que dar: da de su riqueza íntima, del tesoro de sus virtudes personales y, de modo especial, de esa caridad que le lleva constantemente a darse y a sacrificarse por los demás. Así entenderemos mejor que el triunfo de quienes tenemos a nuestro cargo es, también y siempre, el triunfo de nosotros mismos, porque quien es capaz de ayudar reconoce que, precisamente de este modo, también él es ayudado; el poder ayudar no es mérito suyo ni motivo de orgullo. Es gracia.

Liderar es «hacer hacer», en palabras de un moderno santo que ha contribuido a redescubrir el valor del trabajo humano:

> El trabajo bien acabado, que progresa y hace progresar, que tiene en cuenta los adelantos de la cultura y de la técnica, realiza una gran función, útil siempre a la humanidad entera, si nos mueve la generosidad, no el egoísmo, el bien de todos, no el provecho propio y, si el trabajo se hace ante Dios, ninguna ocupación es por sí misma grande ni pequeña. Todo adquiere el valor del Amor con que se realiza[7].

---

7. Josemaría Escrivá de Balaguer, *Es Cristo que pasa*, Rialp, Madrid, 1985, n. 166; y, del mismo autor, *Surco*, n. 487.

Buen líder es quien reconoce la primacía de la persona, el que es capaz de pensar en los demás. El buen líder sabe discernir cuál es el momento apropiado y el modo oportuno en que alguien puede afrontar una determinada tarea y sabe colocar a cada persona exactamente en el sitio donde mejor desarrollará sus facultades. Como dice el Antiguo Testamento: «El corazón del sabio sabe el tiempo y el modo, ya que cada cosa tiene su tiempo y su modo» (Eccl. 8, 5-6).

Quien lidera con espíritu de servicio sabe, además, aprender de ellos, de su respuesta a lo que se les ha confiado. Cuando, por ejemplo, algo no se ha hecho o no se ha realizado como estaba indicado o previsto, no asume que es solo «culpa» de quien había recibido el encargo, sino también de quien no ha sabido comunicarlo con actitud de servicio, con amor.

Liderar y obedecer son dos modos de servir, de contribuir al logro de los objetivos de la empresa. En efecto, ¡qué sería de quien gobierna, a pesar de sus buenas intenciones y cualidades, si no fuera obedecido! La obediencia inteligente puede verse como una forma de participar de la acción de gobierno, de la prudencia del gobernante para conseguir el fin buscado.

Para ser un ejecutivo con capacidad de transformación, de conducir a los trabajadores a grandes horizontes, es necesario superar lo meramente empírico, lo material. El hombre es mucho más que la suma de sus genes. Si se cierran los ojos al enigma del ser humano la vida se convierte en existencia cosificada. Una actitud coherente y auténtica ante la vida no teme mirar con firmeza lo esencial de la existencia y, por supuesto, no niega las dimensiones trascendentes de la condición humana.

Limitarse a la seguridad y al poder que nos ofrecen la ciencia y la tecnología se paga a un alto precio. Ya hace muchos años, el sociólogo alemán Max Weber advertía del peligro del «desencantamiento del mundo» (*Entzauberung der Welt*), producido por la ciencia, que acabaría conduciendo a la pérdida de sentido. La descripción del tipo de persona que habría de resultar de esa «revolución cultural» nos hace temblar por las similitudes que muestra con la realidad presente: «Especialistas sin alma, vividores sin corazón, hombres huecos, hombres rellenos, con la mollera llena de paja». Así los veía Max Weber.

El líder ha de saber trascender su propio mundo y salir de sus cosas para poder así entrar, con empatía, en el mundo de sus colegas de equipo, haciéndose disponible. Un líder enfrascado en sus propios problemas, enclaustrado en su inmanencia, que agota en sí mismo todo su ser y su actuar, está condenado al fracaso. «No estar disponible significa estar ocupado consigo mismo», decía con toda razón Gabriel Marcel.

La verdadera disponibilidad hace posible superar el mero activismo al que se ve abocado el egoísta. La disponibilidad permite al líder abrirse a las aspiraciones justas de los demás y expresa, por su parte, un compromiso tan sólido hacia ellos que produce, como natural contrapartida, una adhesión firme y libérrima, tanto hacia él como hacia la empresa, cuya buena marcha se percibe como un empeño común.

La disponibilidad así descrita, siempre pronta a volcarse en servicio de los demás, en último término solo se da plenamente en personas abiertas a un fundamento trascendente de la existencia humana. La fe en Dios es, en efecto, la más arriesgada de todas las decisiones, pues la fe compromete la vida entera. Por eso se puede considerar esta virtud como la raíz última y más profunda de las decisiones de un líder.

Y quien camina con fe camina con esperanza, con juventud de espíritu. «Dios es más joven que todos», decía san Agustín. La esperanza sobrenatural confiere una energía más profunda que el vigor de los pocos años, el optimismo y la confianza de no cejar en la tarea de llegar a ser uno de esos buenos líderes que nuestro mundo hoy tanto necesita.

Recapitulación

El factor más motivador para una persona es amar y sentirse amada. Esto es aplicable al liderazgo en cualquier tipo de organizaciones. Ahora bien, el amor ha de ser verdadero porque, si no, aparte de carecer de eficacia, fácilmente se convierte en un simple instrumento de manipulación.

El amor se manifiesta en una entrega incondicional a la otra persona por ser quien es, no por lo que tiene o por lo que hace. Sin embargo, el líder ha de saber conjugar este amor a cada persona con el bien común de la organización.

Enfocadas así las relaciones humanas, carece de sentido un comportamiento no ético (engaño, manipulación, murmuración, injusticia, etc.), porque el fin nunca justifica los medios. Además, cuando se ha conseguido contagiar este modo de actuar (de ser), el éxito de los demás contribuye directamente al éxito propio y al de la organización.

Muchas vidas auténticamente santas como las de tantísimas personas, las más de las veces anónimas, que han ejercido un verdadero liderazgo moviendo a muchas otras a esparcir el bien a manos llenas dondequiera que estuvieran, tienen en común, sin embargo, que no ha sido el suyo un liderazgo por sí mismo buscado, sino logrado como consecuencia de que han sabido servir y amar a las personas con las que convivían.

Capítulo XI

Décimo descubrimiento: la felicidad nace de una ilusión vital

El buen educador, cuya magnanimidad es desinteresada, consigue orientar los anhelos de los jóvenes hacia altos ideales. Es feliz viendo sus grandes metas y su ilusión por alcanzarlas, sin dejar de ser consciente de que son los jóvenes mismos los auténticos protagonistas de sus vidas.

Jutta Burggraf

El bien ético nos hace felices

En este último capítulo queremos señalar que, aunque el viaje que emprendimos, de descubrimiento en descubrimiento, pueda resultar arduo y difícil, como el de quien camina por un sendero empinado y angosto, se trata, no obstante, de un camino de felicidad. La felicidad y el bien están inseparablemente unidos. Juntos forman un binomio alrededor del cual gira el buen liderazgo. Podemos afirmar que el líder que sabe poner entre paréntesis sus propios intereses para buscar exclusivamente el bien de los que le rodean, es feliz y hace felices a los demás.

Queremos subrayar en este capítulo que la felicidad hunde sus raíces en el deseo efectivo de procurar el bien ético, y no considerado solo en sus dimensiones parciales, sino en su totalidad. Dicho de otro modo: llevaré una vida feliz si ejerzo mi libertad en todo momento buscando solo el bien ético con rectitud de intención. Únicamente de ese modo gozaré de aquella libertad interior que nadie me podrá sustraer.

La exigencia de la verdad en lo que se refiere a la búsqueda del bien, lejos de disminuir la libertad, actúa como condición necesaria para que esta se desarrolle, y muy especialmente en todo lo que atañe a la formación y al crecimiento del amor.

La libertad es la capacidad que tiene una persona para decidir por sí misma (autodeterminación) en la búsqueda de lo que la conciencia presenta como bueno; por eso libertad y búsqueda honrada de la verdad van unidas y crecen o perecen juntas. La conciencia es criterio subjetivo de actuación que requiere del esfuerzo del sujeto por formarse en la verdad. En definitiva, la libertad del buen líder es una libertad para la verdad, para el bien, para el amor, para la felicidad.

En la medida en que el ser humano se esfuerza en conocer y hacer el bien, más libre se va haciendo y más goza del señorío de la autoposesión. Como consecuencia de ello, disfruta también de la felicidad de poder abrirse a los demás, pues se hace capaz en mayor grado de salir de sí mismo hacia el conocimiento del otro y hacia el amor. Podemos incluso decir que nuestra autorrealización más profunda consiste en ayudar a los demás a ser ellos mismos y a que encuentren su propio camino, y, para conseguir esto, tal como habíamos dicho, se necesita tener un gran corazón.

En el capítulo IX nos referimos al líder que tiene espíritu de servicio y pudimos entrever que no hay verdadera libertad si no es en servicio del bien y de la verdad. La elección del mal no puede ser considerada tan solo como un modo diferente de elegir, pues como habíamos visto, la opción por el mal va minando progresivamente la libertad.

Nuestro personal ejercicio de la libertad no es algo que podamos examinar de un modo indiferente y aséptico, como si nuestras decisiones concretas fueran acciones impersonales, que no nos afectan existencialmente, o como si no fuéramos realmente responsables de esas acciones o como si no tocasen el núcleo más íntimo de nuestra personalidad. Toda decisión libre tiene consecuencias de carácter moral. Viktor Frankl solía decir a sus oyentes estadounidenses que la Estatua de la Libertad en la Costa Este, necesitaba un complemento: una Estatua de la Responsabilidad en la Costa Oeste. Es la vida la que nos interpela a nosotros, y nuestra respuesta consiste en asumir nuestra responsabilidad personal y en realizar las tareas que la vida misma en cada momento nos depara.

La elección del mal es un abuso irresponsable de la libertad y conduce, tarde o temprano, a la depravación e, incluso, a ser esclavo de las adicciones que aherrojan a quienes actúan de este modo, que acaban por convertirse en una amenaza para los que de ellos dependen. En los últimos años hemos presenciado, con motivo de la creciente globalización, cómo los ideales de progreso, cuando la confianza se deposita en personas egoístas y mezquinas, sin grandeza de ánimo ni responsabilidad por el bien común, pueden llegar a concretarse en situaciones tan inquietantes como dramáticas. Si el progreso técnico no se corresponde con una mejora en la formación ética de la persona entonces se convierte en una amenaza para todos.

No es algo nuevo. Recordemos las experiencias que hubieron de vivir diferentes personas bajo regímenes totalitarios, maquinarias de poder movidas por la mentira y de las que uno tan solo podía zafarse adoptando la consigna de «no mentir jamás», de no meter nunca los dedos en los engranajes de la mentira. En tal situación, quedaba claro que la fidelidad a la verdad era condición necesaria para la libertad. La menor concesión a la mentira conducía inevitablemente a someterse al chantaje. Mantenerse en la verdadera paz que da la libertad interior, consecuencia a su vez de no dejarse manipular por falsedades y por actuaciones corrompidas de raíz, era lo mismo que salvaguardar la dignidad humana.

El compromiso con un ideal noble llena la vida de felicidad

Evoquemos ahora la famosa película italiana *La vida es bella* (1997). Ni el personaje representado, ni el director y protagonista de la película, que son la misma persona, Roberto Benigni, dejan indiferente a nadie. Benigni es un provocador y revolucionario, ama la vida y ama al ser humano, ama la tierra y la naturaleza. Un loco amante de esos que ven las cosas siempre desde un punto de vista inesperado, lleno de imaginación creativa. Tiene mucho de filósofo, de observador, de pensador. Quiere cambiar el mundo y grita y gesticula efusivamente con las manos al hablar, porque no puede creer que no comprendamos lo hermoso que es vivir. Benigni es un artista en todos los sentidos de la palabra, un gran contador de historias.

Con lo dicho no se pretende negar que otras personas puedan tener un juicio muy diferente sobre la película y el actor, sobre todo por el delicado equilibrio que se precisa para mostrar el horror y la tragedia del holocausto nazi, sin renunciar a un fino sentido del humor y a algún toque de ternura. A nadie se le escapa que tratar desde esta óptica temas como los campos de exterminio no es una tarea sencilla: enseguida se pueden herir sensibilidades o caer en lo grotesco. Pero queda claro que Benigni, a pesar de esas innegables dificultades, consigue llegar al corazón del espectador, haciéndole ver la energía que puede desarrollar una persona si actúa por amor y con ilusión de vivir.

El filme nos enseña que, aun en las situaciones más terribles, es posible encontrar la belleza y la felicidad a través del amor por quienes tenemos a nuestro lado y apreciar la fuerza arrolladora de la persona que tiene un ideal por el que vale la pena vivir y cómo es capaz de desarrollar una imaginación desbordante y de llenar su vida y la de sus seres queridos de felicidad, amor y esperanza. Es asombrosa la manera en que Guido Orefice, el protagonista, logra proteger a su familia de la terrible amenaza que se cierne sobre ellos. Guido nos demuestra que la esperanza y la ilusión son el camino para sobreponerse a todas las desdichas. Nos anima a no perder la sonrisa, a apurar la vida al máximo, a amar sin restricciones. Nos enseña a recurrir a la magia de un gesto o de un pequeño detalle para hacer feliz a alguien. Es un canto a la superación, a la capacidad de resistir el miedo con la mejor cara para dar fuerzas y esperanzas a nuestros seres queridos cuando están en peligro. Y es, también, en definitiva, una oda a la paz, que nos hace ver, con su tierna ingenuidad, el absurdo de las guerras y de los odios, de las ideologías que atentan contra la dignidad humana.

Desde un punto de vista, si se quiere, más real que el cine, nuevamente puede arrojar luz a la cuestión que estamos tratando la vida del gran psiquiatra vienés Viktor Frankl. Gracias a su compromiso de amor, a su ilusión por desarrollar su gran obra sobre la logoterapia y a su sentido del humor, pudo llevar a cabo hechos asombrosos e inverosímiles, entre ellos, el de haber sido capaz de sobrevivir a varios campos de concentración.

En esos entornos, en los que no se reconoce el valor de la vida y de la dignidad humanas, el yo personal fácilmente acaba por abandonar sus principios morales y, por lo tanto, su libertad interior. Allí Frankl descubrió, sin embargo, la fuerza tan grande que le proporcionaba su compromiso de amor con Tilly Grosser, su mujer, a quien vislumbraba sin que estuviese presente con extraña precisión. Oía cómo le contestaba, la veía sonriendo con su mirada franca y cordial. Real o no, su mirada se le aparecía más luminosa que el sol del amanecer. Nos dice Frankl que «es ahora cuando entiendo el mayor de los secretos que la poesía, el pensamiento y la fe del hombre nos intentan comunicar: que la salvación de la persona está en el amor»[1]. Y prosigue:

> Ahora estoy entendiendo cómo el hombre, desposeído de todo en este mundo, todavía puede conocer la felicidad si contempla al ser querido. Cuando el ser humano se encuentra en una total desolación, cuando su única posibilidad es limitarse a soportar los sufrimientos con dignidad, ese hombre puede realizarse en la amorosa contemplación de la imagen del ser querido[2].

---

1. Viktor E. Frankl, *El hombre en busca de sentido*, *op. cit.*, pp. 45-46.
2. *Ibidem*, p. 46.

Por el contrario, también es el mismo Frankl quien nos relata que la verdadera razón de la muerte de cierta persona en un campo de concentración, aparentemente causada por una infección tifoidea, era en realidad que la esperada liberación de ese lugar no se había producido. Ello la condujo a una tal desilusión, que su fe en el futuro y su voluntad de vivir quedaron paralizadas, privadas de todo apoyo espiritual. Su cuerpo había perdido la resistencia contra el tifus latente. De aquí que Frankl no se canse de repetir que

> [...] la salud se basa en una cierta tensión que ha de existir entre lo que ya se ha logrado y lo que todavía no se ha conseguido; esta tensión es inherente al ser humano y, por consiguiente, es indispensable para la salud mental; el hombre necesita una meta por la que valga la pena esforzarse[3].

Son muchas las lecciones que nos pueden impartir personas como Viktor Frankl, Tomás Moro, Martin Luther King, Madre Teresa o John Henry Newman en su empeño por mantenerse fieles a unos ideales con grandeza de ánimo. En nuestras consideraciones hemos reflexionado sobre algunas de ellas y hemos sacado la conclusión de oponernos netamente a aquellos que quieren degradar la grandeza humana a pura materia, tal como hemos resaltado en nuestra referencia al hombre cerebral[4]. Por eso, insistimos en

---

3. *Ibidem*, p. 104.
4. Capítulo VI.

reafirmar con decisión que el hombre es mucho más que la suma de sus genes, pero también mucho más que el entorno en el que vive; no es solo un producto accidental de factores ambientales condicionantes, sean de naturaleza biológica, psicológica, sociológica o genética.

Aun en las situaciones más adversas, el hombre puede decidir libremente. La vida de Frankl, como la de otros muchos, nos ha demostrado que «al hombre se le puede arrebatar todo salvo una cosa: la última de las libertades humanas —la elección de la actitud personal ante un conjunto de circunstancias— para decidir su propio camino»[5]. Ciertamente, no siempre es posible realizar exteriormente todo lo que querríamos; pero las verdaderas aventuras son las interiores, las que nadie puede impedir[6].

Según Frankl, incluso en un campo de concentración el hombre puede conservar su libertad íntima y, por tanto, su dignidad humana. En este contexto cita las palabras de Fiódor Dostoievski, «solo temo una cosa: no ser digno de mis sufrimientos». Y sigue Frankl:

> Y estas palabras retornaban una y otra vez en mi mente, cuando conocí a aquellos mártires cuya conducta en el campo, cuyo sufrimiento y muerte, testimoniaban el hecho de que la libertad íntima nunca se pierde. Puede decirse que fueron dignos de sus

---

5. *Ibidem*, p. 69.
6. Jutta Burggraf, *La libertad vivida con la fuerza de la fe*, Rialp, Madrid, 2006, p. 33.

sufrimientos y la forma en que los soportaron fue un logro interior genuino. Es esta libertad espiritual, que no se nos puede arrebatar, lo que hace que la vida tenga sentido y propósito[7].

Como en éxtasis

En nuestra trayectoria de descubrimiento en descubrimiento hemos admirado a varios líderes que nos animan a superarnos y extraer lo mejor que llevamos dentro de nosotros. Antes de finalizar nuestro ensayo me gustaría mencionar especialmente la figura del genio de la composición sinfónica Ludwig van Beethoven[8] como alguien que ha tenido que sufrir lo indecible, varón de dolores a quien el mundo deniega la alegría, pero él mismo se convierte en el creador de la alegría y regala esa alegría al mundo. Esto es ser un verdadero *aristós*, un líder con excelencia.

Hemos de tener en cuenta que Beethoven, a la edad de treinta y dos años, estaba totalmente abatido a causa de su sordera, que no le permitía oír los pájaros en el campo y, además, se lamentaba de zumbidos en el oído que le asediaban de día y de noche, lo que hoy se conoce como acúfenos. Tanto es así, que el 6 de octubre de 1802 escribe

---

7. *Ibidem*, p. 70.

8. En lo que se refiere a Beethoven sigo de cerca la exposición del premio Nobel de Literatura Romain Rolland, *Beethoven. Las grandes épocas creadoras*, Librería Hachette, Buenos Aires, 1952.

su famoso testamento de Heiligenstadt. Allí expresa, ante sus familiares y ante el mundo, lo mucho que tiene que sufrir por tener que «vivir como un desterrado»:

> ¡Hombres que me tenéis por hostil, terco y misántropo, qué injustos sois conmigo! ¡Cuánto me gustaría estar en vuestra compañía! Perdonadme, pues, si vivo apartado de vosotros; doblemente me duele mi desgracia puesto que no se me comprende. No me están permitidas ni la distracción en la vida social, ni las conversaciones apacibles, ni las efusiones mutuas[9].

En este manuscrito confiesa que no puso fin a su vida, pese al drama de su sordera incurable, gracias a su amor al arte musical y a la virtud. Estas fueron sus palabras:

> Recomendad a vuestros hijos la virtud, solo ella puede hacer feliz, no el dinero. Hablo por experiencia, ella fue la que me levantó de la miseria; a ella, además de a mi arte, tengo que agradecerle no haber acabado con mi vida a través del suicidio.

Después de este alarido tremendamente desgarrador, Beethoven se encara con esta situación irremediable y, ya en los últimos años de su vida, se deja arrebatar, una vez más, por el encanto mágico de la belleza musical y de nuevo nace algo insuperable: su famosa *Novena sinfonía* con la

9. <https://wordsinresistance.wordpress.com/2008/06/07/ludwig-van-beethoven-testamento-de-heiligenstadt/>

integración de la voz humana. Con ella Beethoven nos quiere regalar la alegría como consecuencia de la solidaridad, la fraternidad y la unidad entre los hombres. Esa alegría que le había denegado su sordera.

Como ocurre en todas sus grandes obras, ya en su primer tema o motivo (*Kopfthema*) nos hace sentir su increíble concentración creadora[10]. Y a medida que, con la edad y el genio acrecentado, este contenido se torna más abundante, por un efecto en apariencia paradójico, el primer tema se hace más simple y elemental porque así ofrece tanto mejor al genio creador espacio libre y vasto para recrearse. De ahí esa predilección de Beethoven, ya entrado en años, por la gran variación y los efectos extraordinarios que de ella ha sacado, preferentemente sobre los temas más triviales y vulgares. Acordémonos de las 33 variaciones sobre un vals de Diabelli, cuyo trabajo es contemporáneo al de la *Novena sinfonía*.

Sin embargo, en ninguna obra de Beethoven tienen los primeros acordes un papel de guía tan dominante como en el primer movimiento de la novena composición sinfónica. Esos acordes pueden apreciarse en todo el conjunto de esa obra. ¿Y qué es? Nada más y nada menos que el acorde

---

10. Es sobrecogedor descubrir cómo de una célula musical brevísima se deriva una obra extensa. La *Sonata para piano n.º 23* de Beethoven, conocida también como *Appassionata*, arranca de las tres notas iniciales (do, la, fa) y se nutre constantemente de ellas. Véase Alfonso López Quintás, *La Novena Sinfonía de Beethoven y su poder formativo*, Rialp, Madrid, 2015.

perfecto de re menor, en arpegio descendente. Pero ¡vaya descenso! ¡Qué derrumbamiento, en dos octavas, al salir del rugido de las nubes que chocan entre sí produciendo rayos y truenos en medio de la inmutable armonía la-mi, durante dieciséis compases!

Pero lo que constituye la esencia de un genio es el fuego que se oculta bajo las notas y las palabras; son las fuerzas interiores, que las ensamblan. La misma frase, fría, hueca, insípida bajo una pluma mediocre se convierte en lava ardiente bullendo de un volcán en explosión. Por eso es una gran torpeza comenzar a estudiar la obra de un genio extinguiendo ese fuego y reduciéndola a mera técnica. Porque es precisamente ese fuego lo que constituye la esencia del genio.

En el cuarto movimiento Beethoven nos quiere transmitir que los instrumentos no son suficientes para apaciguar la discordia entre los seres humanos, y moviliza para ello un recurso jamás utilizado en la música sinfónica: la voz humana. Cuando la orquesta calla, por hallarse la humanidad desconcertada ante su disarmonía interior, un barítono con voz potente proclama la necesidad de abandonar tonos discordantes para entonar otros más alegres, con palabras que escribió el mismo Beethoven: «¡Oh, amigos, estos tonos no; sino entonemos otros más agradables y alegres!». Y esta enérgica proclamación mueve a la orquesta y al coro a adherirse al deseo de unidad. Como consecuencia de esa unidad y fraternidad surge la alegría que muestra Friedrich Schiller en su *Oda a la alegría*.

Es de notar la forma en que la alegría entra en las voces. El primero que actúa es el barítono completamente solo al que apoya, al principio, la doble aprobación de los bajos que nos evoca la agradable y sonriente lección del buen mentor como un líder responsable, una persona de edad con experiencia que influye positivamente sobre su equipo o sobre la comunidad, a la que invita a entrar en el «santuario del bello fulgor divino», donde las diferencias entre razas, clases y castas desaparecen y donde tiene lugar la fraternidad de todos entre sí. Ahora el encanto empieza a operar y en un *crescendo* las voces del coro acaban ante el «Querubín que se yergue ante Dios». Y en las palabras *vor Gott* ('ante Dios'), repetidas tres veces con fuerza poderosa, los trazos al unísono se desploman por la pendiente de cuatro octavas, como para expresar la postración de los pueblos bajo el resplandor que los inunda.

La primera parte de la oda finaliza elevando a una altura sublime la esperanza de que todos los seres humanos alcancen un alto grado de unidad entre sí y con el Creador. Queda así patente, al ser realzada por esta música grandiosa, la idea de que la unidad y la belleza proceden de la misma fuente y se potencian mutuamente.

Después del densísimo mensaje recibido, comienza la segunda parte de este brillante cuarto movimiento, que consta de siete variaciones sobre el tema de la solidaridad y la alegría. Así como la primera parte ha contemplado al equipo guiado por su mentor por el camino de la alegría y se detiene en el umbral en actitud de adoración, ahora el cuadro es otro. La juventud se lanza a la victoria bajo la voz del tenor. Se trata de una lucha contra la discordia, así como de la victoria del amor y la solidaridad. «Recorred, hermanos, vuestro camino, alegremente, ¡como el héroe hacia la victoria!». Es todo una epopeya, cuyas dimensiones desbordan la medida humana. Alegremente, los soles vuelan a través de los espacios infinitos, según el plan magnífico de Dios; y su carrera ardiente y ordenada es el símbolo de la carrera heroica de la humanidad a la conquista de la armonía. Y es la alegría el motor de la una y de la otra.

Sabemos que Beethoven, ya en los últimos años de su vida, contemplaba durante la noche el cielo estrellado, y es el éxtasis que sentía en aquellos momentos lo que se refleja en este cuarto movimiento. «Hermanos, sobre la bóveda estrellada tiene que habitar un Padre amoroso». Esta vibrante proclamación de la solidaridad humana inspira al poeta Schiller y al músico Beethoven un gesto conmovedor de confraternización. El compositor sume a orquesta y coro en una atmósfera contemplativa, en la cual el abrazo y el beso que da al mundo entero le salen del alma y llenan el cosmos de una inmensa paz. Tenores y bajos, al unísono, invitan a las gentes, de modo sobrio y enérgico, a abrazarse y les envían un gran beso.

En la *Novena sinfonía*, espejo del pensamiento de Beethoven, la más íntima, la más profunda, se mezclan un misticismo ardiente y una intuición apasionada de Dios en la conciencia moral. Beethoven fue un extranjero entre las nuevas generaciones, vivía por encima de los siglos. Por eso no fue comprendido ni siquiera por sus amigos, aunque inspiraba a los mejores de ellos un respeto casi religioso. Aunando su pasión particular a su dolor, fue capaz de crear un estado de ánimo (*Stimmung*) en el que confluyen la armonía, la bondad divina, el universal amor de los hombres y una alegría transfigurada que inunda la vida entera. De ese modo, desligó la esencia del poema de Schiller de todo lo que en él había de transitorio y mortal, para elevarlo a lo eterno.

Felicidad y esperanza

Llegamos así al final de nuestras reflexiones sobre el liderazgo ético, o el arte de influir sobre otras personas para que trabajen con ilusión vital, de modo que ellos mismos sean felices y puedan hacer felices a los demás. La felicidad no es consecuencia de llevar una vida sin tensiones o sin problemas de ningún género. No se trata tanto de «tener la vida resuelta» como de vivir con un corazón enamorado, que se sabe ilusionar y entusiasmar con los retos grandes o pequeños de cada día, las pequeñas o grandes esperanzas.

A lo largo de nuestra vida van surgiendo muchas esperanzas, grandes y pequeñas, diferentes en cada momento: una promoción profesional, una buena gestión económica, el buen resultado de una operación quirúrgica, una mudanza o un traslado culminados con éxito, un hijo que supera un problema... O algo tan sencillo como encontrarse con un amigo.

Esto último está bien reflejado en la conversación del Principito con el zorro en la novela de Antoine de Saint-Exupéry:

> Hubiera sido mejor que volvieras a la misma hora —dijo el zorro—. Si tú vienes, por ejemplo, a las cuatro de la tarde, desde las tres comenzaré a ser feliz. Cuanto más avance la hora, más feliz me sentiré. A las cuatro me sentiré agitado, inquieto, solo así descubriré el precio de la felicidad. Pero si tú vienes a cualquier hora, nunca sabré a qué hora preparar mi corazón[11].

En este libro se evocan algunos valores del ser humano: bondad, amistad, solidaridad, autenticidad, sencillez, inocencia, paciencia, fe, ilusión, tenacidad, compañerismo y entusiasmo por aprender. El libro es un símbolo de la búsqueda permanente del hombre de aquellos principios que enriquecen el espíritu y embargan el alma de una paz inefable.

No obstante, al cumplirse las pequeñas esperanzas se puede ver que esto, en realidad, no lo es todo. Además, ¡cuántas veces nos dejamos llevar por ilusiones vanas! El ser humano necesita una esperanza que vaya más allá. En el hombre no se da solo la experiencia de la finitud, sino tam-

---

11. Antoine de Saint Exúpery, *El Principito*, Ediciones Salamandra, Barcelona, 2008, p. 66.

bién la esperanza de la infinitud. Aun conscientes de la breve duración de la vida, no dejamos de trabajar, de «poner toda la carne en el asador» para buscar la felicidad. Nuestro esfuerzo se proyecta hacia adelante, apunta a algo que pueda realizarnos en plenitud, persigue algo total. Anhelamos algo más que la experiencia pasajera de la felicidad terrena porque ya aquí estamos experimentado que podemos trascender nuestro mundo material por tener más deseos de felicidad.

Vivimos así en tensión entre nuestra propia finitud e imperfección, por una parte, y el deseo de lo infinito, absoluto y perfecto, por otra. Quizás nos acordemos de momentos especialmente sublimes de nuestra vida en los que teníamos la sensación de estar tocando el cielo. Momentos de epifanía en los que se suspende el curso de la historia; desde el centro mismo del tiempo estábamos tocando la eternidad. Queremos, tal como lo han expresado muchos poetas, retener, detener o contener ese momento de resplandor que se nos presenta con todo su fulgor muy escasas veces en nuestra vida. Ansiamos lo infinito y eterno. Tendemos hacia una perfección última que no podemos darnos nosotros mismos. «El hombre supera infinitamente al hombre», decía Pascal.

Lo importante son los sueños que pueden hacerse realidad, las personas que, sin decirlo, están pidiendo que las llevemos a la verdadera grandeza de ánimo, las metas que sirven de guías, las verdades que nos inspiran, los bienes arduos, difíciles pero apasionantes, que me he propuesto conseguir. Es importante apuntar muy alto para agrandar el corazón y saber moverse con energía.

Sería el momento de sumergirse en el océano del amor infinito, en el cual el tiempo —el antes y el después— ya no existe. Podemos únicamente tratar de pensar que este momento es la vida en sentido pleno, zambullirse de nuevo en la inmensidad del ser, a la vez que estamos desbordados simplemente por la alegría. En el Evangelio de Juan, Jesús lo expresa así: «Volveré a veros y se alegrará vuestro corazón y nadie os quitará vuestra alegría» (16, 22). Así, por un lado, de nuestro obrar brota esperanza para nosotros y para los demás; pero, al mismo tiempo, lo que nos da ánimos y orienta nuestra actividad, tanto en los momentos buenos como en los malos, es la gran esperanza fundada en las promesas de Dios.

Solo Dios es capaz de dar respuesta a los anhelos de felicidad que experimentamos. El deseo de Dios está inscrito en el corazón del hombre por haber sido hecho a imagen y semejanza del Dios infinito. No hemos sido creados para llevar una vida mezquina y estrecha, sino para saborear la verdadera grandeza humana, sin que por ello dejemos de ignorar nuestra indigencia.

A MODO DE CONCLUSIÓN

La conclusión que querríamos que se pudiera extraer de la lectura de estas páginas es tan sencilla como fundamental: vale la pena vivir con coherencia ética, pues solo así seremos felices y contribuiremos a que quienes nos rodean anden también por caminos de plenitud.

Hemos visto, sin embargo, partiendo del «conócete a ti mismo», cómo una persona puede perder, o dejar de alcanzar, la perfección específica a la que la vida le invita. El ser humano llega a ser como debe ser solo si es digno de confianza, si es una persona coherente cuyo sí es un sí y cuyo no es un no; es decir, por paradójico que resulte, solo cuando resulta fiable para sí mismo. Este hacerse fiable se basa en lo que los antiguos llamaban virtud, que es una cualidad que se va forjando en la medida en que se va eligiendo hacer el bien concreto una y otra vez. En este sentido, y tal como hemos apuntado en el capítulo sobre la prudencia, se puede afirmar que la razón práctica que determina la acción y que llega a convertirse en prudencia es la causa del hábito virtuoso, de la facilidad para decidir y obrar bien. Y la prudencia define la auténtica medida del actuar humano y del buen líder.

Evidentemente, para que las cosas sean así, el actuar correctamente no puede separarse de la recta intención del agente[1]. La ética clásica de las virtudes se caracteriza por considerar unitariamente la rectitud de intención del que obra y la corrección de su actuar, sin que sea posible separar estos aspectos en el juicio moral. En consecuencia, nos encontramos siempre ante una actuación en «primera persona», aunque tenga lugar en el marco de las relaciones interpersonales, como las del directivo con sus subordinados, o las que se dan entre cónyuges, con los amigos o con los compañeros de equipo, ya sea de trabajo o deportivo. Se trata, en definitiva, de un modo de comportarse que considera lo que se le debe al otro, que admite los derechos del prójimo; de un modo de proceder que asume la propia relación de responsabilidad para con las personas concretas que nos rodean. Y esa relación es prioritaria en comparación con cualesquiera otras consideraciones.

La ética de corte utilitarista, que venimos llamando a lo largo de estas páginas ética «en tercera persona», no concede a esas relaciones interpersonales una posición privilegiada, pues separa la categoría de la corrección en el

1. Martin Rhonheimer, *op. cit.*, pp. 321-329.

actuar de la recta intención del agente. Para el utilitarismo, en todas sus formas y variedades, las acciones, consideradas en sí mismas, con independencia de las consecuencias que produzcan, no poseen identidad moral. Son procesos físicos, sucesos conscientemente provocados que, a su vez, dan lugar a determinados estados de cosas y situaciones. Esos procesos reciben su identidad moral de la ponderación de las consecuencias que producen. Así, podemos entender que estas éticas «en tercera persona» sean, en realidad, teorías acerca de cómo se llega en determinadas situaciones a decisiones aparentemente correctas, con entera independencia de que la voluntad del que actúa sea buena o mala. Se podría incluso matar activamente a un inocente en aras de que, con esa muerte, se pueda salvar a otras diez personas. De esta manera, en fin, acaba por entenderse a la persona nada más que como material ponderable a disposición de juicios que llevan a cabo instancias más altas.

Frente a estas teorías inciertas de la moral que, como acabamos de explicar, en vez de ayudarnos en el camino hacia la felicidad pueden conducirnos, incluso, a abismos de perversión (ejemplos hay más que suficientes en la historia antigua o reciente), no nos hemos cansado de repetir en nuestras reflexiones la perspectiva propia de toda ética congruente: las acciones morales son actos inmanentes que, además de producir efectos sobre otros sujetos, siempre modifican y dejan su huella también en el agente mismo. En el capítulo IV hemos insistido en que la cuestión de la moral no radica tan solo en la pregunta acerca de «qué debo hacer», pues esta pregunta, por muy importante que sea, no deja de estar subordinada a la cuestión primera y decisiva: ¿qué tipo de persona soy cuando hago esto o aquello? En tanto que sujetos-agentes morales, nos hacemos aquello a lo que tendemos en nuestras acciones: lo que hacemos repercute en nuestra manera de ser, nos convierte en buenas o malas personas. De nada le serviría al ser humano hacer mejor el mundo entero sí él mismo no se hiciese una buena persona.

¿Quién es, en fin, el buen líder? Es buen líder el líder prudente. Y es prudente quien se esfuerza por tener la mayor competencia técnica posible, al mismo tiempo que es capaz de poner ese saber al servicio de lo bueno para la persona. La huella que deja en nosotros el actuar virtuoso es la felicidad, y la felicidad es también lo que la persona virtuosa regala a quienes la rodean. Es el amor, fundamento sobre el que descansa la felicidad, el motivo más profundo por el que vale la pena esforzarse en ser una persona virtuosa. Del amor se ha dicho que, a diferencia de la fe y la esperanza, nunca se extingue, sino que es una fuerza que une la vida del más acá con la del más allá, al otro lado de las fronteras de la muerte, a las que trasciende.

Desde la Antigüedad se ha reflexionado mucho sobre la *eudaimonía* o vida feliz. Según Aristóteles[2] —y no es fácil discrepar de esto—, no podemos querer no ser felices.

2. Aristóteles, *Ética a Nicómaco*, 1095.ª, 15-20.

El problema es que muchas veces comprobamos que, haciendo algo que creemos que nos va a hacer felices, no llegamos, sin embargo, a serlo. A veces, sucede que queremos algo incondicionalmente y, cuando lo conseguimos, experimentamos que no era precisamente eso lo que queríamos, quizá porque nos habíamos imaginado algo diferente. Eso prueba que, en ocasiones, lo que nos sucede es que no sabemos qué es lo que de modo auténtico puede hacernos profundamente felices.

Decía el filósofo Robert Spaemann[3] que al hombre le es posible trascenderse a sí mismo, no solamente como un ser pensante, sino también como un ser que siente y que quiere: un ser, por tanto, que es capaz de alegrarse con los que se alegran y de llorar con los que lloran. Y eso es amar. Desde la perspectiva del amor, la contraposición entre querer y deber queda superada; así se hace posible una felicidad que llega a ser completa y que resulta en sí misma indescriptible. Quizá a alguien pueda parecerle esa felicidad una perfecta utopía, pero, si ello es así, lo es solo porque raramente nos comprometemos con la aventura de perfeccionarnos y porque solo en pocas ocasiones nos permitimos la dicha de descubrir que vale la pena vivir la vida para amar.

3. Robert Spaemann, *Ética, política y cristianismo*, Ediciones Palabra, Madrid, 2007, pp. 162-163.